愿在他乡做侠者

何勇回忆录

何勇 著

南京大学出版社

目录

风雨六十年

我的人生犹如蜿蜒不定的河流，
没有成型的航道，
没有既定的目标，
顺流随遇，左奔右突，
在茫茫的人生大地上刻画出了
自己未曾期许的印记。

　　我的人生犹如蜿蜒不定的河流，没有成型的航道，没有既定的目标，顺流随遇，左奔右突，在茫茫的人生大地上刻画出了自己未曾期许的印记。

　　回顾往事，幼时我从未想过与英语结缘，也从未想过若干年后自己远渡重洋，来到美国求学、生活、工作，更不敢想象自己进入联合国工作，在世界的彼端为推广中文和中国文化构建桥梁。

　　我的工作始终都在与语言打交道：从不识英文的童稚少年，到初学英文，到成为英文老师，再到留学美国；毕业后在美国大学教中文，接着在纽约华美协进社管理中文项目，再后来进入联合国工作，继续从事中文教学项目。

　　我至今的生活历程大致可分为四个阶段，除了第二段历经十七年，其他三段都是整整十五年。每个阶段的突兀转折，看似出人意外，实则合情合理，好多个因缘际会最终使我走到了今天。如今回首前尘，仿佛又让我回到那些艰难却又温馨、繁累却又丰富、辛苦却又美丽的日子。

童学少年：1954—1969

1954年12月24日，我在南京出生。南京的冬天不常下雪，但那一年的冬天出奇的冷，寒风萧瑟，雪花飘飘。我后来在网上查过，南京近百年来最低气温出现在1955年1月6日，达零下14度，正是我出生的那个冬天。

因为那年的雪特别大，父母就给我起名为"冬冬"——意为两个冬天。这个名字一直使用到1966年，"文化大革命"爆发后才改为现在的名字。

12月24日是西方的平安夜，也就是圣诞节前夜。不过在当时那个与外界隔绝、惧谈西方的年代里，没有人会把我的生日与平安夜联系起来。有意思的是我出国后，美国人一听到我的生日马上就会说："Christmas Eve！"（平安夜！）而我通常的回答

父母

是："It's a day nobody cares about."（无人在意的一天。）——
因为人们都在期盼第二天的圣诞节。在我的记忆中，小时候父母
从没有给我过过生日，我也没有参加过哪个小朋友的生日聚会。
在我们小时候，大家好像都没有"过生日"的习惯。

我出生时，父母住在南京市太平南路的"东白菜园"。听
起来好像是乡村，其实那儿距民国时期的总统府以及蒋介石、宋
美龄宴请国宾的中央饭店仅咫尺之遥。此地历史上曾是一片白菜
园，后成为东西两条巷子。东白菜园和西白菜园均是一栋栋民国
风格的小洋房，我们家就在临街的一栋小洋房的二楼。

我家在二楼有两个房间，还有楼梯旁一间与邻居共用的小厨
房，室外还有一个阳台，也是跟邻居合用的。在当时的南京，这
已是很好的居住条件了。我家能享有这样的条件，原因是我父母
均为国家干部，且级别还不低——父亲当时是南京市共青团宣传
部长，母亲是我们家所在街道的办事处主任。

我最初的记忆是从全托幼儿园开始的。幼儿园其实就在我家
门口，但那时正值"大跃进"轰轰烈烈、如火如荼展开之际，父
母全身心地投入，根本没有时间顾及自家的几个孩子。

我有两个妹妹，我们兄妹三人的年龄很接近，都在全托幼
儿园住读。所谓全托就是寄宿制幼儿园，每周只有星期天可以回
家。我记得幼时的我在幼儿园思家心切，每天都盯着那扇锁着的
大门，希望妈妈会突然出现。最难熬的便是夜晚了，瞅着凸凸凹
凹的天花板，总是难以入睡。记得有几次，我瞅着幼儿园的"阿
姨"没注意，偷跑回家，就像从监狱越狱逃跑一样。好在那时没
有门卫把守，社会上也没有治安问题。每次偷跑回家，都被妈妈
又送了回去。后来大概妈妈也心疼了吧，就决定不再让我上全
托，而改为日托了，这样每天傍晚我就可以回家了。

"大跃进"过后没多久，三年困难时期（1959—1961年）就接踵而至。全民饥馑，物资匮乏。根据中央决议实行完全供给制，全国创办公共食堂，大家一起劳动一起吃饭，人人都吃食堂。可是食堂早上只有稀饭，中午和晚上每人只有一碗米饭，是装在一个陶瓷碗里的蒸饭，大人小孩都一样。长大后听我母亲说大人为了让孩子吃饱，自己常常忍饥挨饿，少吃或者不吃。后来我父亲还得了浮肿病，就是因为把饭菜省给孩子吃，长期忍饥挨饿。

那时我已经上小学了。我们家附近有个南京市很有名的菜场，叫科巷菜场。记得每天下午都有卡车运菜进来，车一卸货就有很多人蜂拥而上，抢吃青菜的菜心。我常常跟着小伙伴们一起去吃，主要是为了好玩儿。菜心甜甜的，倒也蛮好吃。

当时城市里的情况还好一些，农村就更糟糕了。很多农村人在农村没有吃食，便来城里行乞要饭，治安也成了问题。记得有一次，我跟母亲去鼓楼的食品大楼买了一包"油球"（用油炸的面团，里面有些糖）。我拿着那个装有"油球"的纸包，转眼间就有个人从我手里抢走，飞奔而逝，让我着实惊吓不已。多年后我跟太太聊起过此事，她说她小时候也有类似的遭遇，被抢过一个馒头。那个抢馒头的人一把夺过馒头，并在馒头上连吐几口唾沫，然后边跑边啃，吓得她大哭。因为饥饿，有些人已经失去理智而抢夺食物。

父母堂尊

我该说说我的父母了。他们来自完全不同的家庭。

先说我母亲吧。她叫黄贤，1928年出生在北京的一个普通家庭，起初家境还凑合。她的爷爷，也就是我的太姥爷，曾在皇宫做杂事。姥爷有些文化，算是个文人，能算会写，平时给人写字做账，但并非固定的工作，也没有稳定的收入。

母亲4岁时，家中有5口人：我的太姥姥、姥姥、姥爷、母亲，以及我一个年幼的舅舅。由于那时家中的日子已经过不下去了，我太姥姥就决定下关东去讨生计，于是带着全家一起去了长春。因当时清朝的末代皇帝溥仪和一帮清朝遗老都在长春，太姥姥觉得那儿兴许能联系到太姥爷当年在皇宫里的一些关系，给姥爷介绍个工作。但是到了长春才发现，这些人并不能帮上什么忙。

那时哈尔滨有个公司来长春，声称招有文化的人当会计，姥爷报名就跟着他们走了，后来才知道是被骗。那些被招的人都被送去黑龙江铁力县的深山老林做劳工，伐木砍树。姥爷是文人，不擅体力活，加之随身携带的衣服不多，没多久就活生生地被冻死在林子中。

留在长春的一家人，靠太姥姥在长春头道沟为一个叫"北平站"的客栈做事养家。"北平站"的老板和伙计都是北京人，太姥姥就在那儿给人洗衣服，做针线活，一天赚几毛钱。我的姥姥身体不好，但为了维持生计，她去日本人办的宝山火柴厂做工，早上5点多就得出门。外面冰天雪地，她常常在冰上跌倒，摔得头破血流。在我母亲8岁的时候，我的姥姥就去世了。

太姥姥随后携我母亲和舅舅去了四平。太姥姥给人家做保姆，我母亲在一所免费的天主教小学上学。三四年后祖孙三人又回到长春北平站。

母亲在12岁时，经姥姥朋友的介绍，也进了宝山火柴厂做工。她小小的年龄，每天从早上5点半工作到晚上5点半，整整12个小时。

1947年年底，东北人民解放军围困长春前夕，中共地下党进厂宣传，母亲就加入了党组织，到长春外围做妇女工作，做军鞋、组织担架队。1948年10月长春解放，母亲担负妇救会工作，其后跟随组织去沈阳。11月沈阳解放后，她又继续随组织南下；先到上海，后因语言不通，由组织分配到南京，任南京市总工会女工部科长、党政工团科长。

1955年南京市建立街道办事处机制，我母亲到五老村办事处担任主任，数年后转任书记，在此职位上一直工作到20世纪80年代末退休。

我家所在的街道叫五老村，我入读的小学叫五老村小学。

五老村原是一个不起眼的街道，后来因为卫生环境搞得好而名扬全国，成为样板。出生于五六十年代的人也许记得毛泽东主席的一段题词——"动员起来，讲究卫生，减少疾病，提高健康水平"，据说这就是为五老村题写的。

1960年12月21日，周恩来总理陪同柬埔寨国王西哈努克亲王来到五老村参观，就是我母亲和当时办事处的书记负责接待解说的。

周总理看到原来的臭水坑变成美丽的小花园，对五老村的卫生面貌、优美环境表示赞赏。客人一行参观了五老村幼儿园、五老村小

母亲

学和街道的食堂，我还为周总理献花。周总理和西哈努克亲王的这次来访，成为五老村一段引以为荣的历史，传为美谈。

与我母亲相比，我父亲小时候没受过什么苦。他1929年出生在江苏高邮的一个富裕家庭里。按照1949年后划分阶级成分，他家属于地主兼资本家。

父亲有兄弟姐妹十人，他排行老二，在家时佣人们都称他为"二少爷"。我父亲从小聪颖过人，弟妹们对他都十分崇敬。父亲在高邮读完小学和初中，随后上了江苏名校——扬州高中，今天说来，就是一所省级重点中学。

1945年父亲16岁时从扬州高中毕业，报考南开大学，被化学系录取。父亲其实对理工科不感兴趣，他喜欢的是文科，特别是外国语言与文学。在南开待了一年后他决定放弃理科而改学文科，于是报考了北京大学西语系，并以优异的成绩得偿所愿。大学问家朱光潜、李赋宁等语言文学大师都是他的老师。

以父亲的家庭背景，他本应该潜心读书，学成后回乡继承家业。但就在这时，情况发生了本质性的变化。他在学校里接触到进步人士和新思想，被发展成为中共地下党员，从而走上了与自己的家庭背景完全相反的道路。

1949年南京解放后不久，父亲就随饶漱石南下至南京，担任南京市共青团宣传部长、团市委团校校长。1956年参加

父亲

筹办《南京日报》，之后担任《南京日报》办公室主任兼编辑部主任。1963年，《南京日报》因经费拮据停办，他随后转去南京市第四中学当校长，直至"文革"爆发。

青葱岁月

我六年的小学生活，前三年是自然灾害，后三年是"四清""文革"等政治运动。大人们因为紧张的政治气氛和艰难的生存环境而忧心忡忡，但小孩子们则因年幼而无忧无虑，当然更不知道为父母分担忧愁。所以，至今我对小学的记忆都是充满着欢乐、自由和探险的。

1966年，正值我小学临近毕业时，史无前例、"波澜壮阔"的"文化大革命"爆发了。一夜间天翻地覆，好人变成了坏人，尊敬的领导和老师们都成了牛鬼蛇神。每天在大街上处处都能看到佩戴着红袖章的红卫兵，铺天盖地满满贴的都是大字报。

我的父母白天都不在家，有时甚至晚上也不在家。他们都受到运动冲击：母亲被批、父亲被打、红卫兵抄家……

现在想起来，那个时候我们作为孩子理应是很害怕的，可当时似乎也就麻木了。环顾周围，每家每户均遇到类似的困境，我们这些受冲击的家庭以及被殃及的子女，都不知道父母以后会怎样，更不知道自己将何去何从。

1966年8月18日，毛泽东首次在天安门接见红卫兵，北师大女附中的红卫兵宋彬彬给他戴上了"红卫兵"的袖章。毛问她叫什么名字，她回答说"宋彬彬"，毛觉得不好，说"要武嘛！"宋彬彬马上改名为"宋要武"。此事一见报，一夜间全国数百万年轻人都把自己的名字改成带有革命色彩的名字，如"志武""红武""卫东""保华"，等等。我也把自己的名字改为"何勇"。

　　经过学生不上课、工人不做工、全民闹"文革"的一段混乱时期后，1967年10月14日，"文革"中又号召"复课闹革命"，我被分到南京第十五中学读初中。入校后虽然开课，但没人有心思学习。我现在还记得，那时老师们在讲台前讲课，学生们背对而坐，有的说话，有的做别的事儿，老师也不敢管。

　　1968年12月，毛泽东号召知识青年"上山下乡，接受贫下中农再教育"，因此66、67、68三届在校的初、高中学生，几乎全部发往农村。我那一届初中毕业生本该留城，分配到工厂工作而不必下乡的，但因为我的父母，我也下乡了。

　　那是1969年，南京市发动干部"下放"到农村去。也不知道是我父母主动请求，还是因为没有其他的选择，他们选择了下放，我和两个妹妹也就跟着父母下放了。

　　父亲当时的思想很单纯，想法也很幼稚。在他看来，由于他的出身不好，他的父辈曾经剥削过穷人，他就应该到最艰苦的地

我（前排右）与初中同学，南京，1975年。

方去接受改造才能脱胎换骨，才能与家庭彻底划清界线。母亲多年后曾流露出歉意，觉得自己下放不该把我也带下去，乃至连累我吃了七年的冤枉苦。不知怎的，我后来从未向父亲提及此事，恐怕是怕让他老人家伤感吧。

　　当时南京干部的下放去向是两个地方：江苏北部淮阴专区的灌云和宿迁。我们家下放所在地是宿迁。

　　我还记得我们是坐一辆有顶棚的大卡车离开南京的。当时同行的下放车队足足有几十辆卡车。车上的人和送行的人哭成一片，直似生离死别，好不凄惨。不过我们这一车倒是没人哭，毕竟全家人在一起。

　　1969年在南京流传着一首《南京知青之歌》，歌词是这样的：

　　　　蓝蓝的天上，白云在飞翔，美丽的扬子江畔是可爱的南京古城，我的家乡。啊，彩虹般的大桥，直上云霄，横跨长江，雄伟的钟山脚下是我可爱的家乡。

　　　　告别了妈妈，再见吧家乡，金色的学生时代已转入了青春史册，一去不复返。啊，未来的道路多么艰难，曲折又漫长，生活的脚印深浅在偏僻的异乡。

　　　　跟着太阳出，伴着月亮归，沉重地修理地球是光荣神圣的天职，我的命运。啊，用我的双手绣红了地球，绣红了宇宙，幸福的明天，相信吧一定会到来。

　　　　告别了你呀，亲爱的姑娘，揩干了你的泪水，洗掉心中忧愁，洗掉悲伤。啊，心中的人儿告别去远方，离开了家乡，爱情的星辰永远放射光芒……

　　车轮转动时，我想着的就是这首歌。

竹篱茅舍

下放农村，自然是要下到最底层的。农村的建制以县为单位，下属若干公社，公社下有若干大队，大队下分若干小队。政府在农村的最基层机构是公社，相当于城市里的街道。很多年以后，我在美国哥伦比亚大学读人类学，研究中国的社会结构时才了解到：在中国传统社会里，政府机构只设置到县一级，县政府就是县衙门，县长就是县太爷；而在农村，当代中国的政府机构则深入到公社一级，公社在1980年代初改为乡。

干部下放与知青下放不同。知青下放就完全成了农民，平时没有任何收入，要等到年底，地里的粮食上交给公社以后，根据一年中劳动所挣的工分才有一些现金分红。而干部下放后还是国家干部，每个月依旧拿原来的工资。

从南京出发，经过十多个小时的颠簸，卡车终于把我们送到了宿迁。我们家被分到宿迁县洋北公社导淮大队的百家庄小队落户。

公社名叫"洋北"，是因为地处名扬四方的"洋河酒厂"北边；大队叫"导淮"，是因为京杭大运河就从大队部旁流过。附近还有一个控制水位的船闸，南来北往的船只都要在这儿停泊，岸上就自然形成了一个熙熙攘攘的农贸集市。

由于我父母是国家干部，我也尚未达到"知识青年"的年龄（18岁），所以到了农村后我还要继续上高中。农村的高中很少，当时只有两个选择：一个是位于公社驻地的高中（全公社只有一所高中），另一个则是去相邻洋河公社的洋河中学。这两个高中离我们家都有十多里路，洋河公社还非宿迁县所属，而归临近的泗阳县管辖。

和父母权衡再三，决定去洋河中学入读。因为那是所名校，师资力量较强，规模也大一些。联系学校他们也愿意接受，所以下乡没多久，我就成了洋河中学的学生。

在洋河中学，我一开始时是住校，后来因为学校伙食不好改为走读，每天骑自行车往返。十几里的土路往往要骑一个多小时，天气好的时候还能凑合，一下雨，很多路段就成了粘土泥浆，必须扛着自行车在泥浆中跋涉，苦不堪言。

到1972年，三年的高中生活终于结束，我也满了18岁。毕业后的唯一去向就是作为回乡青年，回到村里务农。

对于我们这些自幼在城市长大的孩子来说，做农活还是非常艰苦的。夏天要顶着烈日到田里插秧种水稻，我记得当时后背常常被晒得脱皮，回家后睡觉都不能碰席子。冬天虽是农闲，可还是要出工修水利。所谓修水利就是挖土、筑堤、打堆，也是很重的体力活，还记得我回家以后唯一想做的就是倒头大睡。

冬天下雨下雪的时候倒是不用出工。庄里的农民大多是串门聊天、自娱自乐。我那时非常消沉，茫然地看不到任何前途或出路，唯一希望的就是能有个机会脱离繁重的体力劳动。到大队所在地的商店里当个会计，或者到大队的机房当个机工，只要是非体力劳动的工作便是理想的出路。

百无聊赖之下，我翻起家中父亲从南京带来的一批英语教材和故事书。我当时对英文是大字不识一个，但书里精美的插图却非常吸引人，由此我就萌生了自学英语的念头。

初识典籍

我父亲是北大西语系英语专业毕业的，按说我应该有很好的老师，但是他并不主张我学英语，再说当时仇恨西方、仇恨"美帝国主义"的政治气氛也是不利于学英语的。曾听说过这样一件事：有个知青在家门上用英语写了一句什么话，却被当地农民以为是反动标语，把他的门卸下来送到公社报案，结果这位知青的遭遇可想而知。在这样的政治氛围里，父亲不主张我学英语也就情有可原了。

尽管如此，我的兴趣还是一发而不可收。虽然当时在精神上想不到任何前途出路，在物质上可以说一无所有，我仍果断地走上了自学英语之路。没有老师、没有器材，录音带、录放机、语音磁带等，更是连听都没听说过，但我依然义无反顾地学了起来。

我用的是个笨办法，就是凭借一本英语词典直接阅读。阅读时一个词、一个词地查字典。当时觉得最纳闷的是：英语怎么隔几个字就是一个"the"，而字典上给出的定义就是"这"？

我当时给自己定的指标是每天记20个英语单词，采用的办法就是大声朗读，有时对着荒野大声喊叫，有时则在田野里喃喃自语。

那时南京下放的人员常常也互相串门，打发时光。有一天在跟南京老乡聊天时，得知邻近某大队有位从南京下放的中学英语老师，我不禁喜出望外，便择日去拜访。

这位老师大概比我大20岁吧，姓杨，名竞远，是"文革"前某大学英语专业的毕业生。杨老师饱读英美经典却毫无用武之地，加上苏北地区的落后与贫穷让他郁闷无聊、度日如年，如今

突然有人上门请教，让他找到知音。每次见面，他都会滔滔不绝
地跟我谈英美文艺理论、谈英美经典。我们之间的年龄悬殊差距
仿佛根本不存在，倒更像是两个爱好文学的多年好友，年长者循
循善诱，年少者则无比钦佩。

　　从我家走到他家往往需要一两个小时，我每次都是徒步往
返。具体怎么走在我记忆里已模糊不清，但每次到他家谈论英美
和俄罗斯语言文学的情景，至今回忆起来都是我农村记忆里最美
好的时光。

　　当时我使用自家的一套北京外国语学院教授许国璋主编的
教材，跟着他一课一课地学习，他则常常情不自禁地跟我谈论英
美文学的经典作品。他家里有一套美国作家欧·亨利的短篇小说
集，他就一篇一篇地跟我讲。我到现在还清楚地记得他给我讲读
的世界名著，以及对巨匠的精辟总结：

　　"O Henry was the master of the short stories in the U.S."
（欧·亨利是美国短篇小说之王。）

　　"托尔斯泰和屠格涅夫的区别是：托尔斯泰是一座丰碑，让
人在很远的地方就能看到；而屠格涅夫则是潜入你的家，打开你
的抽屉，把你的私人信件公布于世。"

　　多年后我与妻子莉莉尚在热恋时聊到世界文学，我引用了这
段杨老师的经典语录。莉莉说这个精辟的总结让熟谙托尔斯泰与
屠格涅夫作品的她为我倾倒，钦佩得五体投地。我给学生上课时
也常常引用上面这句话，可见当时这位杨老师给我留下了多深的
印象。

　　杨老师又时常跟我提到苏格兰诗人彭斯和英国诗人华兹华
斯，这两位诗人日后也为我所钟爱。20世纪80年代时我还跟朋友
王海龙合译过华兹华斯的诗作。

我（后排左一）在宿迁农村，1975年。

务农期间，英语成了我唯一的寄托，而且我对英语有种挚爱的感情，因此焉能学不好这种语言？我几乎把所有的空闲时间都花在了英语学习上。

由于词汇量的迅速提高，我大概在开始学习英语后的第三个月就开始翻译文学作品。翻译的目的当然不是出版——在当时宿迁农村那样的穷乡僻壤里，我们简直不知道外面还有个世界。我翻译文学作品的目的之一是打发自己的空闲时间，另一目的是提高自己的英语能力。多年后我成了大学英语老师时才进一步意识到：英语的理解能力很大程度反映在翻译上。阅读时似乎理解的东西未必是真正地理解了，但做翻译时则要完全理解了才能达到正确的翻译。

我学英语三个月后翻译的第一本书是《月亮宝石》（*Moonstone*）。这是英国文学史上第一本侦探小说，作者是柯林斯（Wilkie Collins）。因为情节扑朔迷离，扣人心弦，400多页的书我没用多久就翻译完了。完稿以后我才看到书的封底印有一行字："南京师院英语系三年级学生泛读教材"。——一个扛着锄头在田间劳作的高中毕业生，凭着自学翻译了大学三年级学生的英语教材，我不禁为自己的大胆吓了一跳。

译完《月亮宝石》以后，就一发不可收了。我马上又翻译了第二本书，讲述的是一个白人在南非生活的故事，但现在我已想不起书名和内容情节了，随后便是一本又一本地译。我的译作都是给自己看的，好像没有别的任何读者。村里的农民多半文化不高，此外他们对外国的东西也是警惕且不感兴趣的。

逐梦校园

我在自学英语，翻译着一本本书的时候也曾有过憧憬：若有一日我能进大学学英文该是多美好的事儿啊！在那个年头，"上大学"几乎是天方夜谭，便是在梦里也没做过上大学的梦。

1966年"文革"开始后，全国的大学都关了门，从1972年起，大学重新开始招生。录取不经考试，但必须是"政治表现"好，获得工人、贫下中农或解放军的推荐，所以入校的大学生又被称作"工农兵学员"。学员中一部分人是被工农兵推荐的知青，还有一部分人本身就是工农兵。我消沉的心开始泛起了一丝渺茫的希望。

1975年年初，高校开始招生时，我抱着试试看、未存太大希望的心情，通过了大队、公社以及县里申请大学的入学资格选拔。我在宿迁的各项表现还是颇受当地农民赞许的，甚至被选拔参加了县里的"宣传队"。这个宣传队并不是文艺团体，而是作为一个工作组派去其他公社，以协助、指导和监督当地的大队及小队干部。也许就是这个原因，我原不敢想的事情竟然发生了：我荣幸地得到了当地贫下中农的推荐，获得了申请大学的资格。

当时国内有不少院校派遣老师来到宿迁县城招生。申请人会事先收到一份通知，上面罗列着各学校招生专业的名单。我那时有两个选择：南京是我一直梦想回去的城市，但南京师范学院不在宿迁县招收英语学生。而我的夙愿则是入读英语专业，哪怕学校在天南海北我都会去。当年在宿迁招收英语专业学生的唯有徐州师范学院。从地点来说，徐州不是我的首选，但在城市跟专业之间，我还是毅然决然地选择了我钟爱的英语专业。

招收工农兵学员入学虽不用考试，但仍有个简单的面试——

至少对于申请英语专业的人而言。这个面试要求所有申请人到县里参加一个集体口试。

那年徐州师范学院外语系派来招生的是余仁安老师。他面对几十个申请人说：我用英语问你们一些问题，你们谁知道谁就回答，答得对答不对都没有关系，不打分的。随后他就开始提问了。他问的大多是日常生活方面的问题，如你家有几口人，你做什么工作之类的。申请人中的大部分都从来没学过英语，自然听不懂。我记得好像大部分问题都由我一人回答了。后来我到徐州师范学院上学时，余老师成了我的老师，几年后我留校又与他成了同事。他每每提及那次面试就说："是我一眼就看中你的！"

过了一段时间，高校录取结果出来了，我如愿被徐州师院外语系录取。当时我的心情不亚于范进中举。被大学录取于我不仅意味着可以学习钟爱的外语，还意味着我将脱离体力劳动、脱离农村了。

在徐州师范学院上大学

就这样，1975年9月，我带着一个行李箱从宿迁来到徐州，成为徐师外语系的一员。

我十分珍惜这得来不易的机会，像海绵般吸收着英美语言文学的各种知识，每天花很多时间戴着耳机听录音，乐此不疲，我的成绩自然是班级里名列前茅的。

1975年的政治环境虽然比前几年好了许多，但也得时刻提防给人留下"只专不红"的印象。当时还流传着"只读书的学生不是好学生"这类说法，所以看专业书通常得悄悄地避人耳目，听BBC和VOA广播要担很大的政治风险，通常也不敢听。学校还不时举行"批林批孔"的政治活动，要求我们参加。当时的学制是三年，其中需花不少时间到农场学农、到工厂学工、到部队学军，真正上课的时间大概仅有两年多。

相遇相知

我在徐州师范学院三年，除了在英语专业方面有了长足的提高，最大的收获，就是遇到了我的终生伴侣。她叫沈莉莉，我们在同班同组，她还是我的小组长。

莉莉也有着传奇般的经历。她父亲是江苏溧阳人，母亲是江苏武进人，这两地现在都属于江苏常州。他们在20世纪50年代分配来徐州工作，莉莉是在徐州出生长大的。

莉莉是位真正的才女，质朴而聪慧。她中小学主科成绩门门皆佳，不是100分就是99分。以前只听说过大学生留校，但她高中刚毕业，学校就把她留下并送去徐州师范学院进修，然后回校教英语。那年她只有17岁，是国内为数不多的最年轻的英语教师之一。因此她比我幸运，没有下过乡。

通常所谓"才女"，就是聪慧、机灵，学习成绩优异，而莉莉的一双巧手则是一般学霸未能兼备的。她裁剪缝制的衣物、编织的毛衣、烹调的食物、栽培的花草，甚至她自己打制的简易家具，其精妙都是许多姑娘无法与之比肩的。莉莉的才干与技能，在日后让我和我们的孩子以及我们这个家都受益无穷。

我和莉莉的友情乃至发展成爱情，是从互相交流学习心得开始的。她家住徐州，在中学教过英语，手头的学习资料很多，我常常向她借书借资料。我们双方的家庭有不少共通之处，她比我年龄略小，我俩都是在城市长大，有很多相同的经历，所以我们聊得很投机。有个成语叫"坠入爱河"，听起来有点儿俗气，但我们确实是相遇不久就坠入爱河了。

那时候大学里不允许学生谈恋爱，因此我和莉莉的相恋冒着很大的风险，若被发现就会受到处分。当时大学毕业生由国家统一分配工作，因此对相恋学生最严厉的处罚，就是在毕业时把两人各自分配到相距很远的地方。但爱情这件事儿没有任何力量能阻拦，于是我们谨慎小心地相爱着，在老师和同学们面前从不外露。平时上课下课、晚自习等，都是各做各的事情，即便二人说话也表现得自然大方，所以很多老师和同学直到毕业才知道我们的恋情，称我们保密得竟如此之好。

与莉莉在南京玄武湖，1976年。

和莉莉在中山陵

　　转眼间三年过去，到了1978年的春天，毕业季即将来临。

　　当年大学毕业生的工作虽不用担忧，去处却无法自主，国家分配到哪里你就得去哪里。当时的分配政策是"哪儿来的哪儿去"，也就是说：你入学前来自何处，毕业时就还回到当地教育局等待分派具体工作。比如我，我从宿迁来，就应该回到宿迁去。但若果真如此，就会给我和莉莉带来一个难题：我们将不得不劳燕分飞。因为莉莉来自徐州，她将留在徐州，而我却又要"回乡"了。我们只能把希望寄托在另一种可能上：那就是我要争取留校。

　　那些年，高校往往需要靠留下优秀的毕业生任教来补充师资队伍。如果我能留校，既可更大程度地发挥我的专业学识，又能跟莉莉在同一座城市。这是我们最理想的选择了。

　　我对自己的成绩还是蛮有信心的，但对于是否"优秀"并无把握。当时的"优秀"往往另有含义，需要其他人认为你"又红又专"。在临毕业前的几个月里，各系科有办法的应届毕业生纷纷各显神通，拉关系走后门，留校当然是首选。我自己没有特别的人脉关系，只能听天由命。而莉莉对于我的分配似乎并不焦虑，在她心里哪儿都不重要，所爱的人在哪儿她就到哪儿。事过多年之后，她依然对自己当时的淡定和爱情观感到自豪和骄傲。

　　分配决定是在学生离校前一天宣布的，据说这样校方能避免某些学生因不满而闹事。果真不出所料，分配结果一宣布，就有人哭、有人笑。我大概是最幸运者之一，去向是留校。莉莉则由省教育厅分配在江苏省重点学校"徐州一中"，我们的后顾之忧不复存在了。

学以致用

　　7月留校，9月就走马上任。我在没经过任何培训的情况下就进入课堂，教78级的学生。

　　1977年全国恢复高考，77级的学生其实在1978年2月入校，78级的学生则在1978年9月入校。这两批学生可谓十年动乱积累下来的精英。77、78级两届的考生没有年龄限制。我教的班上年龄最小的学生16岁、最大的学生31岁，而我自己则是23岁。

　　初登大学讲台的我，在课堂上还是倍感压力的。学生们的眼神似乎都虎视眈眈地，看老师们是否能教得了他们。我当时采用了一个自认为蛮有效的办法，很快就让学生信服，并取得了他们的信任。

　　国外的英语系一般就是英美文学系，而国内的英语系到高年级时一般分成两个方向：文学和语言学。我的侧重方向是语言学。

很多人觉得英语语法很枯燥，但我恰恰相反，我对英语语法津津乐道。我把学校图书馆里所有国外出版的语法书借来一本本地看。当时我正学英文打字，作为练习，我甚至把其中一本语法书整本都用打字机打出来了。那个时候还没有复印机，于是我打下来的语法书就成了我的独家宝贵资料。

为了站稳讲台，我每次在下课前留15分钟左右的时间，让学生提问各种语法问题，直到他们提不出新的问题为止。我认为只有能够详细解答他们提出的所有问题，才能建立起自己在学生心目中的地位。

很快，我的努力有了成效，我的课成为学生们最喜欢的课程之一，在某种程度上甚至超过在系里任教的美国外教。因为来中国教英语的美国老师，大多不是从英语或语言学专业毕业的。学生们向他们请教语法问题，例如"这儿为什么用冠词"、"那个词是什么词性"、"这个从句叫什么从句"，他们大多回答不上来。而我作为中国人教授英文，比较了解学生的思维习惯和语法困惑，解答他们的语法问题也游刃有余。后来系里也了解到这一情况，就安排外教去上口语或泛读这类不涉及解释语法结构的课程了。

当老师的常常会将自己的学、教关系喻为"一桶水"与"一杯水"的关系，"一桶水"就是老师自己的知识，"一杯水"就是要教给学生的知识。老师要想倒出"一杯水"，自己先得有"一桶水"，而教师的"一桶水"是需要逐步积累的。

我在教学过程中很注意自身英语水平的提高，采用的办法是大量地听、大量地看和大量地写。那个时候国内逐渐开放，我们越来越多地能听到原始英文材料，甚至国外的无线广播，如VOA和BBC。我虽然不是研究文学的，但在那段时间里阅读了大量的英国文学作品，特别是英国维多利亚时代的小说。

一般认为，维多利亚时代是英国工业革命的顶峰，也是英国政治、经济、文化的全盛时期，同时是英国小说的一个巅峰时期，孕育出一大批文学巨人，如狄更斯、哈代、勃朗蒂姐妹等。我一本本地阅读所有能借到的这一时期的小说。其中，狄更斯写的小说我几乎全都看了一遍。

在阅读时我采用了一个自认为行之有效的办法，就是每看完一个章节就会做读书笔记，笔记要用英语书写。在大多数情况下写的并不是我的感想，而是总结或缩写一下所读的章节。这样做有两个好处，一是帮助自己记忆所阅读的书籍内容，二是锻炼自

在南京大学参加全国高校英文教师培训班，1980年。

己的英语写作能力。几十年来我一直把这个方法作为经验介绍给
学习外语的学生。

就是因为那段时间的大量阅读与积累，久而久之我的写作风
格也逐渐带有了维多利亚时代的味道。多年后，有美国人看到我
出版的博士论文说，我的写作风格很像维多利亚时期的风格，特
点就是句子比较长、结构比较复杂、用词量比较大。但我现在觉
得这并不是好事，现代英语还是应以简洁为宜。

在徐州师范学院教了两年书以后，我有了一次到南京大学
外语系进修的机会，参加教育部在南大举办的全国英语教师培
训班。在南京大学给我们上课的老师都是来自英国文委（British
Council）的专家们。当时这样的学习机会很难得，参加学习的大
多是全国各主要院校英语专业的骨干教师，大部分人年龄偏大，
我可能是年龄最小的学员之一。在那个培训班里，我见到了不少
国内英语界的大咖人物，也为我与他们日后结下深厚的友谊播下
种子。

我跟莉莉于1981年年初结婚，婚礼在南京举行。其时下放干
部都已回城，我的父母也回到南京，官复原职。

说是婚礼，其实也没有什么特别的仪式，没有婚纱照，就是
全家人和几位亲戚到饭馆里吃了顿饭。但家人在南京齐聚一起的
那份温馨，还是让我对未来的生活充满了期待。

记得那顿饭是在四川酒家吃的，我穿了一件深蓝色的中山
装，莉莉穿的是她自己做的浅桃红色棉袄罩衫——现在的年轻人
都不知道棉袄是什么，当然更不知棉袄罩衫为何物了。

结婚的时候，我妈妈给了我们1500块钱，莉莉父母为我们的
新家置办了一台缝纫机、床上用品和其他日用品，这些在当年算
是相当不错的嫁妆了。莉莉每每提起总是怀着极其感恩之情，感

和母亲、妻子的合影

谢父母为我们的付出。

当年年底女儿就出生了，我们给她起了个中文名字叫潇牧，英文名字叫Adele（那是我们两个在读《简爱》时共同喜欢的简爱的学生的名字）。女儿的出生给我们带来了无比的欢乐。

大学老师不用坐班，没有课的时候我不需要去学校。而中学老师则要坐班，无论有没有课，莉莉每天都得准时到校。所以不坐班的我就担负起买菜做菜、接送孩子上托儿所的任务。

那时候的住房都是由学校分配，条件比较艰苦。由于我年资不高，仅分到一间不足20平方米的小间。斗室虽小，但我们一家三口却也其乐融融。

教师宿舍没有宽敞的厨房，各家一般都把煤炉放在走廊过道里做饭。一溜边的都是炉子，大家一边做饭一边聊天，各家吃什么菜互相都知道。

别枝惊鹊

我们那个时候被称作"青年教师"，都非常渴望有机会进修。去外校短期进修的机会倒常有，比如我去南大进修一年便是。另一种机会就是报考研究生，这需要得到学校领导的同意。然而我们外语系的青年老师那几年从来就没得到过批准，因为一旦考上了去读研究生，就意味着不会再回到徐州师范学院了。

徐州这个地方，经济、文化发展都比较一般，没有很多人愿意来，外语系补充师资不易。外语专业很大的特点在于外语需要经常实践，当年不少老教师耽于政治运动，"文革"十年中都不碰外语，恢复高考后再重新捡起来，多少便有些力不从心，而我们这些青年教师倒成了教学骨干。学校师资不容流失，所以报考研究生这条路，对于青年教师来说是走不通的。

1983年的一天，我们几个青年教师无意中在《人民日报》上看到一则消息说，联合国在中国招聘20个同声翻译，有兴趣者可以报考。

联合国我们虽然听说过，但知之甚少。同声翻译具体怎么做我们也不知道，只能从字面理解。年轻的我们突发奇想，打算鼓起勇气试一下，一起去报考联合国的同声翻译。

报考联合国的工作当然也要经学校领导批准的。尽管我们觉得向校领导提出的结果可能与报考研究生一样没门，但还是决定试一下。当时包括我在内的四名青年教师，一个是73级、一个74级、一个75级、一个77级，联袂去校长办公室。

时任校长是侯德润教授，他是一位很受师生尊重又很开明的校长。他听了我们的想法后，出乎预料地大笔一挥：同意报考！我们一时竟愣住了。回来的路上几人在猜想，定是侯校长认为我们肯定考不上，所以顺手做个好人——反正我们还是走不了的。

获得了校长的批准，我们四人立刻报名参加考试，随即开始着手准备。说到准备也很有意思，因为我们根本不知道同传是怎么工作的，自然也不知道考试会考什么、该如何准备。听人说报考联合国的工作，应该熟悉国际事务，于是我们就纷纷买来当时比较热销的一套书《各国概况》来看。然而几百个国家，很难一一了解。

考试的地点是上海外国语学院（现在叫上海外国语大学），考试分三天进行。我们四人住进了一家离上外不远的廉价大通铺旅店——所谓大通铺就是一个大房间，里面有几十个床位。

考试的内容有笔译、视译和同声传译。笔译不用解释，视译就是给你一份文件，让你看几分钟，然后口译出来。同声传译就是让考生戴上一副附有麦克的耳机，我至今还记得耳机里播放的是美国总统卡特的讲话，我们一边听一边把他的讲话口译成中文。视译和同声传译都录在一个磁带上，所有的磁带都被送到纽约的联合国总部评分。

三天考试结束后，我们又回到徐州师范学院上班。尽管大家都使尽了浑身解数，但其实未敢抱任何希望的。我们多少有点儿自卑感：徐师是个小学校，我们怎么能跟北外、上外、复旦这等学府的考生比呢？所以回去后大家都略过此事不提，直至数月后外交部派了两名大员来到我校。

外交部派人来徐州师范学院，这样的事儿自然是被嚷得沸沸扬扬的。很快我被召到校长办公室，跟那两位外交部人员见面。见面后被告知我们参加考试的四人有两人通过考试了，我是其中一人，另一人是那位73级的同事。外交部的人员随即问了我很多问题，最后说他们还需进行政审，并要我们去做体检。

外交部人员待了一两天后就回北京了，这时我们通过考试的两人便开始了焦虑的等待。

过了一段时间终于有了结果。若说我上大学和留校是意料中的幸运，那这次结果就是出乎预料地不幸，因为我被告知没有通过。但具体是什么没有通过呢？上面没说，便只能自己分析。

所谓通过，无非通过两关：一是政审关，一是体检关。我的体检没有问题，因为我能看到体检报告，所以我没有通过的就是政审关了。后来也通过关系了解到，正如我所判断的，的确是政审关没有通过。

究竟出了什么问题呢？其实不是我的问题，也不是我父亲的问题——他毕竟是共产党员、国家干部，还是解放时期的地下党。问题出在他的父亲，也就是我爷爷的身上。我前面说了，我爷爷是江苏高邮的地主兼资本家，在解放军占领高邮前夕任国民党高邮县党部主委，死于解放军进入高邮时的混战中。

老爷子虽然在我出生前就离开了人间，但他的"政治背景"一直牵连影响着我们全家。尽管我的父母亲都是共产党员、领导干部，但我们兄妹填写政治成分时却要填"地主"。因为出身不好，我们不能参军，也不能入党。

1983年的时候，政治氛围虽然宽松多了，但"黑五类"的影响还是断送了我去联合国工作的机会。多么好的工作，简直就是锦绣前程。当时的懊恼和郁闷是无法用语言来形容的，不过这也是我最后一次受家庭成分的影响了。

学著之译

联合国没能去成，心灰意懒了一阵后我也逐渐恢复，一边教学，一边奋力著书作文，打算沿着学术的道路走下去，尽快得到晋升。

我大概是1982年左右成为讲师的，此时，跟我同年毕业甚至比我早毕业的同事大多还是助教。

某次侯德润院长微服私访，来到我家，当他看到我们简陋的居住条件时大吃一惊。此后他在很多场合下用电影《人到中年》的情景描述我的情况。那部由潘虹、达式常主演的电影，说的是一对中年夫妇的奉献精神与生活境遇。我虽然尚不算中年，但居住条件可能还不如影片中的他们。

不久学校宿舍区落成一排新的住宅楼，在侯院长的亲自关怀下，我分到一套两居室的住房，有独立的厨房和独立的卫生间。这对我们一家三口来说不啻是进了天堂，唯一让我们感到不安的是好像有点儿"特殊化",因为跟我一起毕业的同事们大多还住在陋室里。

当时徐师中文系有一位著名的教授——廖序东先生,是国内知名的语言学家。他30年代问学于黎锦熙、许寿裳、罗根泽等多位大师,1941年7月从北师大毕业后即投身教育界,开始了长达半个多世纪的汉语教学生涯。1979年他与兰州大学的黄伯荣先生共同主编的一套高校文科通用教材《现代汉语》,深受全国广大师生欢迎,发行近40年,印数已近千万册,至今仍是很多高校中文专业的教材。

廖老是徐师中文系和汉语言文字学专业的创始人,先后担任二十多年的中文系主任。其夫人刘老师也在徐师任教,巧的是她跟我岳母同为常州人,原来就是朋友,后来我借此拜访过他们两位。那时廖老已经升任徐师副院长,兼院学术委员会主任和学位委员会主任等职。廖老虽然担任校领导职务,依旧平易近人,依旧学者气度。他和我没谈几句就把话题转到语言学问题上。

20世纪70年代末80年代初正是改革开放、百废待兴的年代。中国的学术界也异常活跃,开始与西方学术界全方位地接触,并大量引进西方学术界的著作。廖先生对汲取西方语言学理论的精髓,以资研究中国语言十分重视,经常组织他的研究生与我们英文系的青年教师进行交流和探讨。我们也从廖先生渊博的学问中获益甚多。

廖先生在和我的交谈中多次提到丹麦语言学家叶斯柏森(Otto Jespersen)的《语法哲学》一书,他对此书的喜爱溢于言表。叶斯柏森是西方语言学史上介于传统和现代描写派之间的一位重要人物。叶氏在《语法哲学》中运用新的方法分析探讨了语言学、语法学上的重大问题,系统地阐述了他的语言理论。廖先生认为《语法哲学》是叶氏论述其语法理论和语法体系的代表作，是一部有划时代意义的语法著作，对汉语语法的研究和发展有深刻的影响。

我对叶氏其实也很熟悉。我特别尊崇他1922年写的《语言的本质、发展和起源》（*Language：It's Nature，Development，and Origin*）一书。他领先于时代，在此书中率先讨论了六七十年代成为热门话题的诸多社会语言学、人类语言学问题，如女性语言的问题和语言物质特性的理据问题。

源于我们对叶氏的共同兴趣，廖先生问我是否愿意协助他组织一个翻译班子，将《语法哲学》译成中文，让更多的中国语言工作者从中获益。我欣然接受了廖老师的邀请。

当时我请了南京师范学院（后改为南京师范大学）的夏宁生老师和本系的司辉老师参加翻译、本系的韩有毅老师担任校订，廖老师又请到他在苏州的好友张兆星老师和徐州师院中文系的王惟甦老师分别参加翻译和校订，于是一场翻译大战便揭开了序幕。

经过近两年的齐心合力，并在廖先生的指导和主持下，我们终于完成了翻译。译本先由徐州师院印刷，分寄给国内各高校的中文系，作为交流资料。多年后国内还有不少同行与我说起，他们曾看过我们的那个本子，有的还保存着那本书。

徐州师院的自印本印出后，廖老师随即与语文出版社联系正式出版此书，未几语文出版社便接受了。《语法哲学》于1988年正式出版，给我们多年的辛勤努力画上了一个圆满的句号。《语法哲学》的译本出版后不久就已告罄。

译作出版后，廖先生寄赠两册给中国语言学界的泰斗吕叔湘先生。吕先生回信说：

收到您的信和两本《语法哲学》，谢谢。此书在五十年代曾由语言所请人翻译，由于种种原因未能完稿，现在终于有了中文译本，实为好事。最近商务印书馆正在筹划续编《世界名著汉译丛书》100种，我间接托人表示此书可以入选，不知商务意思如何。

在吕先生的建议、廖先生的推动下，此书后来由商务印书馆再次出版，遗憾的是商务版问世时，廖先生已经仙逝。我在再版后记里写道："万分遗憾廖先生未能看到《语法哲学》的再版。廖先生为叶氏一书的翻译、审订、再版呕心沥血，倾注了近三十年的心血，是《语法哲学》中文版的第一功臣。在此书再版之际，我觉得我们纪念廖先生的最好办法就是把这一译本献给他老人家。"

穿荆度棘

不知不觉日子就到了1985年年底，女儿也已经四岁了。

那天我见到一帮青年教师聚在一起说话，便前去凑了个热闹，发现他们在谈论申请出国留学。

自70年代末改革开放，渐渐有人申请出国留学，到1985年时，这一势头已经非常明显。那年头出国留学的大多是英语专业毕业的，因为申请英美留学，如果语言不过关，连如何填表申请都不知道，那时还根本没有留学中介这一行当。

到1985年为止，我在徐师已经任教7年了，那帮青年教师中有不少还是我教过的学生呢。听他们谈论得很热烈，我不禁也动了心，回来就与莉莉商量了一下，她虽不奢望成功，但支持我一试。我就开始着手准备材料。

那时候没有互联网，徐州这个小城市也没有关于美国学校的资料。于是我特意去了南京一趟，在南京图书馆找到一套《彼得森美国大学指南》（*Peterson's Guide to American Universities*）丛书，上面详尽地列出了美国所有学校的情况，特别是哪些学校、哪些专业提供奖学金。那时大学老师的月工资才40多元人民币，没有奖学金是绝无可能去美国读书的。

我给美国的十几个学校发了申请信，邮资差不多就是我一个月的工资。我在南京的新华书店看到一本中国人写的留学指南，也顺便买了一本，当时怎么也没料到，就是那本书里的一句话，使我的留学梦成为现实。

我在申请过程中遇到好几个障碍。首先申请美国大学的研究生必须有本科文凭。我是工农兵学员，读大学的时候中国还没有学位制，自然也就没有学位。

于是我想到我的"贵人"——侯德润院长，就去找他，说我从1978年教到1985年，教的学生都有本科文凭，而我当老师的却没有。侯院长听后很爽快地说："没问题，我给美国的大学写信，就说你有本科。"随即他真的写了一信向我申请的学校解释。美国的大学对于一个国外大学校长的来信是非常重视的，无论那个学校的地位如何。于是我的学位很快就不是问题了。

我前面说过，我在南京买的一本书里有句话帮了我大忙。那是句什么话呢？书中说："你在申请美国学校时，不仅要给研究生院写信，最好还要给你中意的教授写信，因为美国大学里的教授是很有权的。"

我信从此话，在申请哥伦比亚大学的过程中，向一位名叫Pitkin的语言学教授发信，并建立了经常的通信关系。那时没有互联网，也没有电子邮件，所有联系都靠打字写信，往往要间隔上好几个星期才能收到回信。

我申请时遇到的另一个障碍，是没有托福成绩。原因是当时没有地方考，更没听说过去哪儿考。多年后听说可以到香港考，但那时香港还没有回归，去香港就跟出国一样难。

于是我就给Pitkin教授写信告诉他这一情况，并说我是大学英语教师，有7年的教龄，请他根据我写的英语文章，评价一下我的英文水平是否能达到哥大（哥伦比亚大学的简称）要求。他接信后马上回信说，你不用考托福了。这里还要说一句，因为Pitkin教授的关心，我连申请费（大概50多美元吧）也没有付。否则到银行去换50美元，然后再汇到美国，在当时也是件很不容易的事情。

到了次年的四五月份，我申请的美国大学纷纷发来通知书，遗憾的是皆非录取消息。其实有没有被录取，不用拆信便知。看到信是薄薄的一封，就知道一定没什么好消息。这些信千篇一律，都是说"你的条件很好，但遗憾的是我们不能提供奖学金"。

那个时候如果没有奖学金，美国大学的学费和生活费对我来说简直是天文数字，仅凭每月几十元人民币的微薄薪水，我根本没有办法筹到赴美留学的钱。当时几乎没听说过有大陆学生自费去美国读书的，但是台湾则有很多自费生，情形很像现在的大陆留学生。

申请的学校除了哥伦比亚大学陆陆续续都回信了，都是拒收信。可想而知，我的心情也是越来越沮丧，也越来越不抱希望，私下觉得哥大肯定也一样。

这一天，哥大研究生院的通知书终于到了。看到信也是薄薄的一封，我的心就凉了大半。打开一看，果然又是一封拒信。这下我终于死心了，觉得留学这条路彻底断了。然而富戏剧意味的是，第二天邮差又送来一封哥大的来信，这次是厚厚的一封，很有份量。我在将信将疑中打开信，居然看到一封录取通知书！

这封信不是哥大研究生院发的，而是哥大人类学系发来的，他们正式录取我为博士研究生，并提供了全额奖学金和生活费。

美国高校与中国高校不同，在中国申博必须有硕士学位，但在美国，本科毕业生可以直接申请读博。那我怎么会被人类学系录取的呢？这里还有段故事呢。

申请美国大学读研的程序，是先给申请学校的研究生院写封短信，说对该校的某系科或专业有兴趣，然后研究生院就会把该系科或专业的介绍材料发给你，收到后你就可以填写正式的申请表格并提交所要的材料了。

我就是这样给哥大研究生院写信，跟他们说我对哥大的语言学有兴趣，他们随后就寄来语言学系的介绍材料。我是在那份介绍小册子上看到Pitkin的名字的。我看到他的研究方向是文化和社会语言学，很对我的路子，所以我就给他写信表示希望做他的学生。后来我被人类学录取时才知道，Pitkin教授其实并不是语言学系的教授，他是人类学系的教授。

当时哥大的语言学系师资力量比较弱，只有三个教授，所以他们就把哥大其他系科教语言学的一些教授也列在他们的名下。Pitkin是在人类学系教语言学的，所以他的名字也出现在语言学系的介绍材料中。因为有全额奖学金和生活费，又是学语言学，我当然是欣然接受了。

我把被哥大录取的消息告诉我们系的一位美国外教，他起初完全不相信，说不会有这么好的事。等我把录取通知书给他看的时候，他都不敢相信自己的眼睛。这只能说我是多么的幸运了。

哥大是美国历史上的著名高校，常青藤盟校之一。它在美国的综合排名虽不是第一第二，但在中国的名气却非常大。这是因为中国近代史上诸多知名人士都毕业于哥大，包括郭秉文、陶行知、胡适、陈公博、宋子文、顾维钧、徐志摩。能够成为这些杰出人士的校友我感到无上荣光。

拿到哥大的录取通知书并不意味着一定能去成哥大，因为国内还有很多手续要办。

学校说，因为我是讲师，按国家规定不能自费留学，需要办"自费公派"。"自费公派"的意思是各项费用自理，但是算国家派出的。

当时另有一个枝节，即1986年春徐州师范学院破格把我申报为副教授——那个时候学校没有资格审批副教授的晋升，材料需送到省里由一个职称委员会评审。之所以说"破格"，是因为许多与我同龄的年轻老师仍为助教，我的老师辈大部分人也还未升为副教授呢。

对于评副教授，我心下实在非常矛盾。我固然希望职称上有所晋升，但是如果评上了就很可能去不成美国，因为当时省里的评审有个说法或标准：读博士目的是当副教授，如果已经有了副教授职称，就没有必要再去读博士了。

当时学校把我破格申报到省里去，有两方面的原因：一方面我的教学质量还不错，课程挺受学生们的欢迎；另一方面我已经出版了好几本书，发表近30篇论文。有人说我的老师们若曾出版过类似我的一本书或一篇文章，就可以稳稳地成为副教授了。

评选副教授的材料报到省教育厅了，随后由教育厅组织的一个职称委员会审议。

我先前曾在江苏教育出版社出过一本关于英语教学的书，出版社专门请南京某高校英语系的一位主任写了个序，我自己并不认识这位教授，后来听说这位教授就是省英语专业职称审议组的组长。按照常理来说这对我是非常有利的，但评审结果在1986年初夏公布时，我并没有入选。

后来有内部人士告诉我，职称评审组在投票时，我得了零票，就是给我写序的那位评审组组长也没投我的票。原因是他受出版社之邀给我写序时并不知道我的个人情况，等看到资料才知我仅30岁出头。据说委员们没有投我票，不是因为我的教学成绩和学术研究不达标，而是为了给资历老的教师们更多的机会。在评委们看来，比自己的老师先当副教授是一件不合适的事，我当时也很认同他们的想法。

其实没评上副教授也不是件坏事，这下可以专心办留学的手续了。此时已进入暑假，很多事情学校无法决定，需要我跑去南京的省教育厅办理。教育厅一拖再拖，反反复复地要求美国方面出各种材料，往返拖沓，时间一下子到了9月初，哥大已经开学了。

因为时间紧迫，很多事都只能跟哥大人类学系电话联系。那时国际长途电话必须到电话总局去打，费用也十分昂贵。我好几次打电话都是要求接话人付费，好在哥大也知道这里的情况，所以每次都接受付费的要求。

现在想来，留美之路的每一小步都充满了未知和困难，每一步都是对我的考验。当时的我就像在黑暗里摸索，在没有人教导怎么办的情况下，只有凭自己的想象和理解，凭自己的坚持和不懈，见招拆招，一步步走下来。在这个过程中，我也得到过很多师长、朋友，以及许多不知名的人的帮助，这让我无限感恩。

融入异国：1986—2001

所有留学手续都办好时已是1986年9月中旬，哥大早已开学。我赶紧订了9月21日美国西北航空公司从上海飞往纽约的机票。

出发那天，莉莉和女儿，还有我父母都到上海给我送行。尽管时隔多年，但那天发生的情景我却记忆深刻，许多细节依然清晰。

记得我们住在上海延安饭店。当时的心情真的非常复杂，一方面对马上要去美国开始的新生活兴奋不已，一方面又忐忑不安，不知道哪年哪月才能再见到妻子女儿和父亲母亲。毕竟是去大洋彼岸的陌生国度，也许会有永不相见的可能？

怀着复杂的心情我上了飞机，踏上了异国求学之旅。

异乡陌途

我当时的脑子里是一片空白，对落地后会发生什么，自己是否能适应异国他乡的生活，是否能顺利完成学业没有任何把握。

暑假时我曾接到住在纽约的两位美国老护士的来信。原来哥大附近有很多热心人，特别是基督徒，每年在开学季前就与哥大国际学生办公室联系，看有没有什么能帮外国学生做的事。国际学生办公室也乐于请他们关照外国学生，就会将一些国际学生的联系方式给他们。正是在这种情况下，他们知道了我和另一位来自北京的学生的名字和联系地址。

这两位老护士是基督徒，一位叫Helen，一位叫Jean，她们住在114街，离哥大只有2条街。她们暑假里给我写信说如果需要，她们愿意去纽约的肯尼迪国际机场接我。

对我来说，这当然是个绝好的选择，毕竟这是我第一次出国，在纽约举目无亲，她们肯来接我，帮了我的大忙，家里人也会放心。

飞机在肯尼迪机场降落后，Helen和Jean果然如约在候机厅等我。两个陌生人向一个从未见过面的外国人伸出友谊之手，这样的事当时在国内似乎不可思议。

她们把我的行李放在车厢里，然后我们就向哥大所在的曼哈顿驶去。一路上她们问了不少我的一些情况，彼此之间也很快熟悉了起来。不到一小时的光景就到了她们家，那时已经是晚上8点左右。

到家后她们准备了饭菜请我吃，饭后又聊了一会儿，她们说时间不早了，要送我去旅馆。于是我跟她们又上车，来到阿姆斯特丹大道上一家青年旅馆的门口。她们从后备箱里把我的行李拿下来以后说，下面你就自己照顾自己吧，连旅馆的门都没进就驱车返回了。

我当时有点儿奇怪，她们一直对我热情友好，怎么把我丢在这儿就扬长而去呢？细想想也许这就是美国人的行事方式吧。

那个青年旅馆很像我1983年去上海考联合国同声翻译时住的旅馆，也是几十个人住在一个大房间，不同的是里面的床从大通铺变成了上下铺。房费很便宜，一晚上好像只有8美元，临时对付一晚，我也没什么好挑剔的，就胡乱睡一夜吧。

出国前曾有人跟我说，调整时差最好的办法，就是在到达的头晚吃片安眠药睡个好觉，第二天就有精神了。我听信此言，从国内带来几粒安眠药，当晚便吃了一片。我以前从未服用过安眠药，头回吃的效果非常明显。第二天我醒来一看表，已经是上午10点了。我惊吓不已，因为我事先已跟Pitkin教授约好10点见面的。

我赶快下床洗漱一番，顾不得吃饭就赶去哥大。好在旅馆距离哥大不远，10点半左右我气喘吁吁地赶到教授的办公室。我与Pitkin教授已经相互通信好几个月，相见甚欢。

教授详细地向我介绍了哥大、人类学系和课程要求，不觉就已12点了。他说我请你吃饭吧。推辞不过我就随他去了哥大附近的一家湖南中餐馆。吃完后他说，我给你看看我是如何用一个塑料片付款的，那是我第一次看到信用卡这个神奇的物件。

接下来的当务之急就是寻找住处。跟Pitkin教授饭后分开，我就径直去了哥大的住房办公室，希望能申请到一个宿舍。但因为宿舍是提前几个月开始预订，而我晚到了近三个星期，宿舍早就被申请完了。

住房办公室里有个大本子，里面有各种各样的校外租房广告，工作人员让我看看有没有合适的。虽然在校外租房通常要比学校宿舍贵，但我也没有其他选择，只好翻来翻去地看有无合适的房子。

翻着翻着，我看到一则"用工作换住房"的广告，原来是第五大道上的一户人家想找一个学生帮他们做点儿事，他们不付报酬，但是可以提供免费住房。

他们需要学生做的事，就是每天下午三点到附近一所叫道尔顿（Dalton）的私立学校接一个6岁的孩子，然后再送到"基督教青年会"（YMCA）办的课后班去。我觉得这是个好机会，要做的事情不多，时间与我上课也不冲突，更重要的是可以节省不少住宿费。我立刻就给这家人打了个电话，他们让我当晚就去家中面谈。

第五大道是纽约最豪华的街道，我在国内读美国文学时就有所耳闻，所以我想这一定是个比较富裕的家庭。果然不出所料，到了他们家，电梯直达入户。男主人是位律师，女主人也做点儿工作。他们有三个孩子，老大已经上大学了，老二上中学，都不需接送。需要接送的是老三，6岁的男孩Zachery。

谈话中我了解到原来负责接送Zachery的一直是一位哥大的意大利学生，因他即将学成要回意大利，所以律师家急于找人替代。面谈后男女主人都觉得我挺合适，就说你明天就搬来吧。我很庆幸，自己如此顺利地又渡过了一个难关。

纽约有座举世闻名的中央公园，把曼哈顿的一大部分地区分隔为东区和西区。道尔顿学校在东区，YMCA在西区。我原以为这家人会让我坐公交车或打车，接孩子放学后把他送到YMCA，可是没想到他们给我一辆自行车，让我每天骑车横穿中央公园，送Zachery去YMCA。

中国是自行车王国，骑自行车对我来说本是驾轻就熟，但是他们给我的自行车却让我心里犯了嘀咕。美国的自行车跟中国的很不一样，类似于运动员骑的赛车，骑这种自行车需要弓着腰。这也难怪，自行车在中国是交通工具，在美国是健身工具。

纽约街上没有自行车道，在大多数情况下它要和汽车、卡车共用快车道。我自己骑倒也没什么，在中国什么样的路况都经历过，但后面带着一个孩子就不一样了，责任极大。刚开始时我也摔过几次，我摔倒，后面的孩子当然也就被摔倒了。当时我就想，在国内我们做父母的绝不会把自己年幼的孩子交给一个不很熟悉的外人，让他用自行车带着乱跑。这也是我看到美国人不同于中国人的一个方面。

住在美国人家里使我有了难得的观察和参与美国人实际生活

的机会。他们的衣食住行，家庭成员的喜怒哀乐尽收眼底，这的确是个了解美国社会、进行社会观察的好机会。

住处安顿好以后，我就可以全身心投入紧张的课程。

孜孜不倦

人类学科在美国常设为四个分支：文化人类学、考古人类学、体质人类学和语言人类学（也可以说人类语言学）。研读人类学专业的学生大多专修文化人类学，考古人类学和语言人类学不言而喻，需要解释一下的，是体质人类学。

体质人类学研究的就是人类生物学（human biology），有时包括一些灵长类动物，如猩猩、猿猴等。哥伦比亚大学的人类学系是美国人类学的鼻祖，由著名的人类学家弗朗西斯·博厄斯（Francis Boas）于20世纪初创立。哥大人类学系是美国第一个设立博士学位的人类学系。很多闻名世界的人类学家曾在哥大人类学系任过教，如爱德华·萨丕尔（Edward Sapir）、玛格丽特·米德（Margaret Mead）和露丝·本尼迪克特（Ruth Benedict）。

许多人搞不清人类学和社会学的区别。中国在很长一段时期里不知何故不承认人类学，例如著名的人类学家费孝通在国内被称作社会学家，他自己虽然没提抗议，但是我想他一定是不乐意的。

人类学与社会学有以下几个方面的不同：

第一点不同是，通常认为人类学家研究其他民族的文化，而社会学家研究本民族的文化。人类学认为研究者在研究本族文化时或多或少会带有先入之见，因此这一学科坚持研究他人的文化。也就是说，你在研究一个文化前对它的了解越少越好。哥大人类学系有一名助理教授，就是因为研究的是美国本土文化而迟迟未获终身教授职位。

第二点不同是，人类学偏向研究乡村，研究一个小的部落或群体，而社会学偏向研究城市、偏向研究大群体。我们经常见到"对五城市青年婚姻观的调查"这样的研究项目，一看就是社会学的研究话题。人类学偏向研究农村是因为它认为人最本质的特性和人类社会最基本的结果都来自农村。现在的中国人往上数三代，可能都是农村人。

一个学科之所以有别于另一个学科，是因为它独具的研究方法。社会学习惯采用的调查方法是问卷，但人类学家对此不以为然，他们觉得问卷太不准确。

人类学家把人的行为分为两类：理想的行为和实际的行为。通过问卷答案反映出来的往往是理想行为，例如你的问卷问"你在家打老婆吗"，填答案的人大概不会写"是的"——即使他在家里常打老婆。人类学家要找出的是实际行为。因此，他们不靠问卷而靠"参与性观察"。

所谓"参与性观察"就是不问问题，深入到调查地，和当地人同吃、同住、同生活，这样观察到的现象是最准确的。此外人类学要求学生在写博士论文前，到他研究的地方做至少一年的田野调查。为什么至少一年呢？这是因为人类学认为人的行为一年四季不同，要准确地观察一个部落或一个群体的实际行为，需要通过一年四季才能完成全面观察。

进入哥大人类学系读博的学生，需在四个分支中专修一项，我的专修分支自然选了人类语言学。虽然每人有专修，但在其他的三个分支还要各修至少两本课，其中最重要的就是持续两个学期的文化人类学导论，这门课如果考不过就得走人。

　　我以前从未接触过人类学，到哥大又晚了近三个星期，进课堂后的确压力很大。给我们上课的都是大教授，他们在课堂里往往是满腹经纶地"杂谈"，如果不习惯这种授课方法，学生往往不得要领。

　　其实教授们在课堂上只是指个路，更多的要学生自己去看书。他们布置的作业常常是一个星期看完一本大部头原著，如果另外三门课也布置同样的作业量，那我们一星期就得看四部大作。在最初的几个月里，我每天的空余时间几乎都是泡在图书馆里的。

　　我刚到哥大的第二个星期，系里秘书就来找我，说博士生入学时要考两门外语，别人都已考过，只有我还没考，需要马上完成。我先选了英语和日语，但秘书说英语是授课语言不能算外语，建议我可以把中文算作外语。虽然不合理却更有利，因此我欣然同意，考试结果无需多言。日语是我在国内为满足职称晋升要求跟收音机学的，不算很好，所以我有点儿担心。但实际考试是给出一篇用日语写的人类学文章，让我翻译成英文。日语大量使用汉字，学术文章尤其如此，而且学术文章里汉字的意思跟中文几乎一样，所以连估带猜地也通过了。

轻取学位

　　与中国的学期相比，美国的学期短多了。

　　我在国内时尚未实行双休日，学生每周要上六天的课。而美国的秋季学期一般是劳工日（9月的第一个星期一）后开始，圣诞节前几天结束。春季学期一般是1月的马丁·路德·金日（1月的第三个星期一）开始，5月中就结束了。

秋季学期快结束的时候，系秘书拿来一张表让博士生填，主要是询问我们是否要一个硕士学位。这也是头回听说，硕士学位可以选择要也可以选择不要。怎么回事儿呢？

前面说过，在美国申请读博，并不要求具备硕士学位，在拿博士学位时也不必一定有硕士学位。就是说一个人可以有本科学位与博士学位，但未必有硕士学位。

在哥大（其他学校可能亦然），博士生如果第一年学习成绩符合要求，在第一年结束时可以要一个"过路"硕士学位（enroute masters）。所谓"过路"，是指在向博士学位前进的路上"顺便"拿的硕士学位。并不需要特别做什么，也不需要写硕士论文，只要在表上的那一栏画个勾就可以了。

我的很多美国同学对此并不特别在意，他们或者不填此表，或者说不要。他们想的是来读博士，为啥要个硕士学位。而我则觉得，有个硕士学位"一鸟在手"，为啥不要？于是我不假思索地画了勾。

5月毕业季的时候我顺利地拿到了"过路"硕士学位。拿到手一看，与正式读硕士学位的证书一模一样。当时我不禁想，只读硕士学位的人若想投机，也许可以走这条路。读硕士学制要两年；如果申请博士学位，读了一年后拿到"过路"硕士学位就退学，但估计没人想这样做。来哥大读书的人，都是经过激烈竞争选拔出来的，都很珍惜这样的学习机会，都希望从大教授那儿多学一些知识，如果只学一年，其实是学不到太多的东西的。

前面说我是被误录取到人类学系的。经过一年的学习，我觉得恰是"歪打正着"，原因有二。第一个原因是，我到哥大的次年，哥大取消了语言学系，不久后耶鲁大学也取消了语言学。

美国的语言学在国际上大概是最发达的，世界上最著名的语言学家很多都在美国，最著名的是20世纪语言学学派代表人物乔姆斯基（Noam Chomsky），但是读语言学专业的美国学生并不多。我到哥大后也选修语言学系的课，发现学生是清一色的外国人。美国学生不太愿意学语言学，主要是考虑到就业问题。除非是读语言学博士然后去高校任教，若打算去做中小学教师，更多的人会选读语言教学专业。我如果当时录取在语言学系，中途就得辍学。

"歪打正着"的另一个原因，是人类学使我获益匪浅。人类学是一门综合性的学科，所研究的话题几乎都有相应的专门学科。比如人类学研究经济，外面有个经济系；人类学研究宗教，外面有个宗教系；人类学研究语言，外面有个语言学系，等等。

人类学的基本主张，是研究这些专题不能单看这些专题，要将这些专题置入社会文化等诸方面的背景之下来考察研究。而人类学家或从经济，或从宗教，或从语言入手，最终目的是了解一个社区或群体的社会结构和文化特点。这大大地影响并开拓了我以后的研究思路。

很多其他学科的研究者似乎也意识到这一点，纷纷把人类学挂上他们的学科名，如音乐人类学、电影人类学、法律人类学、医学人类学，我最近还看到"互联网人类学"这样的学科名称。一时间，好像挂上人类学是学术界的一种时尚。

阖家团聚

在我抵达美国的几个月里，一直处于紧张的学习状态，但是每天都少不了思念妻子女儿。

我和莉莉结婚后，分离最久不超过四五天。家人无法相聚的隔绝之苦是难以言表的。尤其当我接送别人家孩子时，总是想到"我们的潇牧在做什么？她都安好吗？"

我寄住的那个律师家的女主人某次跟我闲聊时，突然问我是不是离婚了。我吃了一惊，不知她怎么会突发此想。她解释说，在美国夫妻这么长时间不在一起是不可思议的，不人道的。当时我真想告诉她，在中国还有不少夫妻由于工作的关系分居两地呢。

我来美国以后，莉莉恰逢有个机会被学校送到南京的江苏教育学院进修一年，她于是顺理成章地把女儿带到南京，跟爷爷奶奶一起住。潇牧也因此成了我的"园友"，她白天上的五老村幼儿园，正是我50年代末上的幼儿园。

我们那几年来美国留学的人员年龄相仿，都是30来岁，也都各有家小，大家都在计划把妻子和孩子接来。我到美国不久后也开始操办此事。

当时很多人把妻子接过来陪读。所谓"陪读"，顾名思义就是妻子在家做家庭主妇，相夫教子，但我不愿意莉莉如此。她其实也是学者，聪明过人，我想她也应该来哥大攻读学位。

莉莉是当英语老师的，跟她专业比较对口的，是哥大教育学院的应用语言学专业，应用语言学主要是培养英语教师的。如果莉莉过来读硕士，获得奖学金的机会是很小的。

我当时打算，自己有全额奖学金和生活费，等莉莉到后我们住在律师家，还可节省下住宿费为她交学费。因此我就去哥大教育学院的招生办公室给她办手续。那天在招生办公室还碰到了一位中国留学生，也在给他太太办入学手续。我们聊了一会儿，他告诉我他叫谭盾，在哥大艺术音乐专业读研究生。我当时可完全没想到日后他会成为名扬中外的作曲家。

哥大教育学院很快就录取了莉莉。不出所料，莉莉没能得到任何奖学金。莉莉来美读学位一事给我们带来了另一个难题——我们的女儿。如果把女儿也带来，势必会影响到我们两人的学习。无奈之下我们只好决定莉莉先来，过一年等适应后再把女儿接来。

莉莉于1987年的8月底顺利来到纽约。她到机场的那天，我寄住那家的男主人开车带我去机场接她。经过一年多的分离，我们见面自然是激动不已。

莉莉来后我们继续住在律师家，同时也帮他们做点儿事。劳工节过后，她就去学校报到了。

在莉莉报到之前，我的导师Pitkin教授要我单独去见一下莉莉的导师，也是哥大教育学院应用语言学专业的负责人Clifford Hill教授。Pitkin教授说他是Hill教授当年晋升终身教授评审委员会的委员，Hill教授欠他一份人情，也许能帮莉莉申请到一点儿奖学金。或许他是开玩笑，不过我还是听从了，去见了Hill教授。

Hill教授见我是Pitkin教授引荐来的，果然十分热情，与我没谈十分钟就拿起电话打给学校的奖学金办公室，然后跟我说，为莉莉争取到5000美元的奖学金。喜出望外之余我也很感慨，人际关系在美国也很重要啊！教育学院是很少给外国学生奖学金的，如果没有他说话，莉莉是不可能拿到这5000美元的。

一来二往，我和莉莉也成了Hill教授的朋友。这里还有一个原因，Hill教授跟南京大学外语系有合作关系，还去讲过学。他听说我是南京人，又曾在南大外语系进修过，自然关系又近了一层，我们在一起常常聊到南大和南京的事儿。

莉莉来到纽约后，虽然解决了夫妻相思之苦，但女儿不在身边，我们也高兴不起来。莉莉每每想到女儿就会落泪。我们原本计划一年后再把潇牧接来团聚，现在看来无论如何也是熬不下去了。于是我俩决定，无论学习多紧张，也要全家在一起。

秋季学期一结束，我就赶回国内给女儿办赴美手续，随即把她带到纽约，如此我们分离一年多后终于全家团聚了。

舐犊之心

女儿来美后，我们就不能再住在律师家了。

我们向哥大教育学院申请了一套两居室宿舍搬了过去。教育学院在120街，宿舍楼在121街，非常近便。我们这栋宿舍楼被很多人叫作"国际公寓"，只提供给有家眷尤其是有孩子的学生。当时楼里住有好几家中国学生，孩子们放学后就在一起玩耍。我们在这里住了四年。

女儿到美后马上就面临一个实际问题，她该上小学了。美国的中小学有三类：公立学校、私立学校、教会学校。

公立学校是由政府出资兴办，免收学费，家庭收入不高的学生还有免费午餐。纽约的公立学校系统有100万学生，是全美最大的公立教育系统，质量差异还是比较大的。私立学校顾名思义是私营的，通常需要交纳昂贵的学费。美国品质前十名的私立学校都在纽约，许多学校收取的学费甚至超过某些大学。教会学校也算是私立学校，但由于是教会支持的，学费比其他私立学校低得多。教会学校虽然有宗教背景，但他们也接收不信教的学生。从教学质量上说，私立学校普遍好于公立学校，班级规模小，每班有时只有十几个学生，设备也好。而公立学校班级大，往往有30多人，设备也落后一些。纽约公立学校系统中有九成为少数族裔，黑人、西语裔和亚裔为多，白人大多入读私立学校。

当时我们对私立学校根本都不敢想的，很多中国同学就把孩子送进公立学校去了。纽约市教育局的规定一般是就近入学，即学生入读离家最近的学校。距我们家两条街的123街有一所公立小学，我和莉莉提前去看过，发现学校状况不是太好，主要是纪律好像很有问题，加之潇牧刚来美国不久，我们很担心她去那里念书会受委屈。于是我们开始寻找123街小学之外的可能选择。

在我们住的那条街的街口，还有一家教会学校叫Corpus Christi，我们带女儿去看了一下，觉得条件比那家公立学校好多了。学费对我们来说虽然贵了些，但在其他方面节省一下，再在学校里打点儿工还是可以负担的。于是，我们就给女儿报名上了那所教会学校。潇牧也是个智力过人的孩子，她很快适应了新的环境，并在很短时间里就克服了语言障碍，成为学校里深受老师和同学喜欢的学生。

中国人对孩子的教育是不遗余力的。Corpus Christi虽然跟公立学校相比还不错，但与私立学校比还是有很大差距的。因此我们也一直留心着，希望能帮潇牧选一所更好的学校。

离哥大不远的地方有一所学校叫Bank Street College（银行街学院）。这所学院很特别，里面有两部分，一部分是一所致力于教育的研究生院，另一部分是附属的从幼儿园到8年级的中小学。这所学院是私立的，附属的中小学部分也是私立的。

一天，莉莉从那家学院经过，便走进去看看并跟小学部招生办的人聊了起来。那时哥大附近的中国人比较少，那所小学里还没有过中国学生。他们听说了潇牧的情况，认为她若来就读，对学校的文化多元化也很有帮助。他们的学费好像是每年2万美元，但他们愿意向我们提供9千美元的奖学金。当时，我们所知道的中国留学生的孩子，没有一个是上私立学校的，我们觉得能让孩子换个环境，接受一流的教育，自己花点儿钱也是值得的。于是我们就接受了学校的条件，把潇牧转了过去。

Bank Street College是一所理念"前卫"的学校。所谓"前卫"，是指他们打破传统的教育理念，以学生的需要为重心。"前卫"的英文是progressive，我们对这个词的理解就是"进步"，进步一定是较以前更好的。

潇牧是个很能适应环境的孩子，没多久她就跟同学打成一片了。这时我们发现了一个先前不了解的情况：她的同学绝大部分是富家子女，其中有哥大女校校长的女儿（多年后潇牧也成了这所学校的学生，这是后话）、金融公司老板的孩子。他们的家长每逢孩子过生日都会大办party，邀请孩子的朋友们做客。

学校担心邀请部分同学而不邀请其他同学会伤害孩子感情，就规定家长如要邀请，要么邀请所有的孩子，要么就都不邀请。尽管如此，我们觉得女儿去参加这些"豪华"party时一定会想：咱们什么时候也能请同学来我们家？其实这也是我们常常想到的。于是，在潇牧10岁生日时，我们办了一个自己觉得很特别的活动。

我们租了哥大巴纳德女校的一个保龄球场地，请她的同学都来玩儿，然后招待他们吃披萨，过了非常愉快的一天。

毕业时分

转眼就到了1988年年底，此时我已经修完专业要求的所有课程。

我们入学时的身份是博士生（Ph.D. student），但这并不意味着每个人都能拿到博士学位。博士生完成所有课程后需要经过一个资格考试，通过后才算博士候选人（Ph.D. candidate），博士候选人才可以开始写论文，如果考试没过的话就被淘汰了。

资格考试又叫作口试，但实际上都是笔试。我们专业的资格考试是考三门，或三个方向。考试的方式也是很独特的：学生自选三个方向，然后分别向这三个方向的指导老师提交一份20页左右的书单，书单上是你看过的书或文章，然后指导老师根据你提交的书单出试题。试题都是开放式的问答题，有时回答一个问题几乎要写一篇小论文。

这种考试，看起来好像学生事先已知晓范围，但是这个范围往往大得涵盖了整个学科，而且还要确保上交给导师的书目你实际都看过，因为没准儿导师就会从哪本书或哪篇文章里挑个问题让你回答。所以我们在给导师提交书目时至少得花一个学期读书。

我是1989年的春季学期参加资格考试的，也许是我的导师运好吧，三门考试都顺利通过。通过考试后便又获得一个叫作Master of Philosophy的学位——这个学位很难翻译成中文，它是一个介于硕士和博士的学位，我曾看到有人把它翻译成"副博士"。

通过资格考试后，我就成了博士候选人了，下一步便要写毕业论文。但是人类学专业的规定，是候选人必须先做至少一年的田野调查才能写论文。

哥大人类学学生往往要花七八年，甚至更长的时间才能拿到学位，是因为在进行田野调查前要先花一段时间考察那个调查点，下去以后不知不觉会待到一年以上，回来后还要花上一两年时间整理材料，然后再花上一两年时间写论文，七八年很容易就过去了。此外还有一些学生在做田野调查时爱上了那个地方，结果和当地人结婚就留在那儿了，我们把这种现象叫作going native。

我在准备资格考试看书的过程中其实已经在考虑将来要做什么调查、写什么题目的论文了。我对语言与思维的关系这个话题比较感兴趣，最后选择的论文题是"Language and Social Control"（语言与社会控制），我想探讨的是语言在多大程度上制约人的行为。

我当时选的调查点就是我上大学前待过的宿迁农村。我在系里还有一位导师Myron Cohen（中文名是孔迈隆），他是文化人类学家，著名的汉学家，他的研究兴趣是中国的乡村调查。孔教授是研究中国的，而我又是中国人，所以经常在一起聊天。莉莉也曾为他工作过，整理他从中国农村带回来的资料，其中有很多是户籍资料。

1989年春，孔教授申请到一笔研究经费，打算秋季到中国河北农村做田野调查。因为时间跟我的计划恰好吻合，我就与孔教授约好一起去，也许我也可以把我的部分田野调查放在河北做。

正在漫卷诗书喜欲狂的时候，国内出现了一场风波。我觉得对我的研究不会有很大的影响，所以还是决定按原计划回去，但孔教授却执意劝我留下。说不过孔教授，我只有留在美国。

不去中国做长期田野调查，我就必须更改我的论文题目了。左右思量，我选了一个不太需要到社区住下来的题目："Aspects of Discourse Structure in Mandarin Chinese"（中文的话语结构）。

与传统语言学和结构语言学不同，我想探讨人们所采用的表达方式背后的一些理据和原因。在一般情况下我们需要先做田野调查，然后再写论文，由于我的研究不太依赖于长期的田野调查，我就一边调查一边开始写，即使如此也花了一年多的时间。

经过反复修改并与导师们讨论，我在1991年秋季完成论文写作。论文答辩安排在哥大哲学楼一楼的一个房间里。到门口一看，旁边有个铜牌，上面写着这是大名鼎鼎的杜威教授当年的办公室。当时的我并不知道，几年后我会任职于杜威教授等人于1926年创立的文化组织中。

我的答辩委员会由5位教授组成，分别是：人类学系的Harvey Pitkin教授、Myron Cohen教授（孔迈隆）、Ann Galin教授，原语言学系的Robert Austerlitz教授和东亚研究系的Gari Ledyard教授。

答辩过程中各位教授轮番就我的论文向我提问。我的第一导师Pitkin教授对我还是偏爱有加，有时还为我"护航"，接过其他教授的问题代我回答。

教授们的问题我好像都能应答，在整个过程中我记忆最深的是跟Robert Austerlitz教授的一段对话。他问了我一个什么问题，我回答说"某某著名语言学家是这样说的"，他马上说"你比他强，不用引用他的话"。

他的这句话对我以后的学术生涯产生了巨大的影响。我们以前在国内做学问时习惯引用权威的话，常常以"马克思曾说""乔姆斯基曾言"这样的话终止讨论。而在西方，任何一个权威的话都不是至高无上或不容置疑的。一个博士生在做完他的博士论文后，应该就是在他选题领域里最最权威的人士，否则写这个论文就没有意义了。

论文答辩好像持续了不到一小时就结束了，答辩委员会让我离开一下，等候他们投票决定通过与否。于是我就出门，怀着志忐不安的心情站在写有"杜威办公室"的铜牌旁边。

不一会儿,Pitkin教授开门出来,见到我就紧紧地跟我握手,说:"祝贺!"接着第二句话就是"You have become a man",翻成中文就是"你成人了"。他的意思并不是说我成材了,而是你从此结束了"非人"的生活。

的确如此,那几年不知读了多少书、写了多少文章,没日没夜,头脑始终处于紧张状态中,现在——终于解放了。

Pitkin教授随后把我带进房间向另外几位教授致谢。系里的三位教授说:"现在开始你应该称呼我们的名字了。"在西方,只称名不道姓(on a first name basis)表示双方的关系非常亲近。在中国,如果学生称呼导师时,直呼其名而不称姓是不可思议的。同时这也表示从此我与导师的关系已经成为同事了。

顺便说一下,我的博士论文在我毕业一年后就由美国的麦伦大学出版社(Mellen University Press)出版成书了。曾听人说过绝大部分的博士论文在答辩结束后就被打入冷宫,烂在本校图书馆的书库里(languish in storage),我的论文则算是见了天日。此后还听说有的学校语言学专业还让学生读这本书,我觉得还是颇感欣慰的,毕竟数年光阴没有白费。

1992年2月,我拿到了博士学位,正式的颁授仪式在5月13日举行。那是哥大建校238周年,共有8200名本科生、硕士生和博士生获得学位。

彼时的哥大校长Michael I. Sovern在毕业典礼上的一段讲话我一直铭记在心:从今天起你就是哥大的校友了。从今天起,你就跻身于一代又一代从哥大走出去的博学多才、有胆有略的国家栋梁的行列之中。(For today you become alumni of Columbia. You join a legion of distinction and enlightenment, of accomplishment and

哥伦比亚大学博士毕业，1992年。

courage that has strengthened this country generation after generation.）

我1979年到1980年间曾在南京大学待过一年，南京大学把我当作校友。我在南大时常常听到校领导跟学生说这样一句话："今日你以南大为荣，明日南大以你为荣。"我想哥大校长讲的和南大校长讲的都是一个意思。

我1986年迈入哥大校门，1992年年初毕业，前后五年半的时间，在我们系应该算是最快的了。我在校的时候看到哥大研究生院的一个调查报告说，院里的博士生平均花费9.6年拿到博士学位，真希望如今的哥大博士生们不用经历如此漫长的学习过程。

执教美国

莉莉是1988年入学的，于1990年毕业。当时纽约市奇缺双语老师，地铁里到处有"你会说外语吗？到教育局来当双语老师吧"的招聘广告。莉莉提交申请后顺利地成为纽约市首批十几位从中国大陆来美的双语老师之一。

莉莉任职的学校是位于中国城、历史悠久的容闳小学。容闳是中国近代史上首位留学美国的学生，也是第一个毕业于美国耶鲁大学的中国留学生。他是中国留学事业的先驱，被誉为"中国留学生之父"。

莉莉工作的容闳小学是所公立学校，属于政府机构。当时纽约的公立学校要求任课教师必须是美国公民，如果不是的话，他们可以协助办理身份手续。工作是个大问题，也关系到女儿日后就学的问题，我们思虑再三，最后决定转为美国公民。

要成为美国公民的第一步就要申请美国绿卡。纽约教育局在给莉莉找律师提交申请的过程中告诉她，可以连配偶带孩子一起申请。就这样，我和女儿作为莉莉的配偶与未成年子女，一起申请了绿卡。由于雇主是政府机构（纽约教育局），移民局很快就批准了，这样我们拿到了绿卡，成为美国的永久居民，并于五年后自动转为美国公民了。

拿到哥大的博士学位，并不意味着会有一份好工作送上门来，就业还得自己张罗。那个时候人类学的博士毕业生就业市场很有限，工作不太好找。同学们在一起经常开玩笑说，毕业后要么去博物馆工作，要么就去什么地方挖地（指考古）。当然还有

莉莉从哥伦比亚大学硕士毕业，1989年。

一条路，就是当大学老师。

可是大学里人类学的教职少之又少。我毕业的那年，在整个纽约地区仅长岛大学有一个职位，据说有400人申请，其中有些已经是教授了。在这种情况下，我放弃了向大学申请人类学教职的念头。

然而正是此时，一个偶然的机会让我遇到了纽约的新学派大学（New School University）外语系负责人。新学派大学之所以叫"新学派"，是因为学校由一批思想前卫的教育家于1919年建立，他们希望建成一所新观念、新文化、新意识形态的大学，提倡学术自由、女权运动和普世教育。

新学派大学的外语系开设数十种外语课，是纽约地区甚至全国开设外语课种类最多的学校，但他们当时并没有设中文课。外语系的负责人见我教英语出身、哥大毕业、博士论文做的又是和中文有关的研究，就想请我开设一门中文课。我觉得这是个好机会，就欣然答应了。

就这样我在新学派大学一教就是八年，由初始开设一门课，到后来开到四门课；由原来给社会上的人士开设，到后来也教学校的本科生甚至研究生；由原来只单纯教语言，到后来也教中国社会研究（用英文上课）。

1996年系里办了一场开放日活动，教各语种的老师都到场宣传和解释自己所教的课程。作为中文课的唯一教师，我也到场了。

我旁边的一位老师是教捷克语的，他带来一本名为"初级捷克语"的教材放在桌上任人看，我顺手拿起来看了一下，觉得这样的教材我也能写，于是，我萌生了写本教材的念头。

因为当时我们使用的中文教材以语法为纲，作者根据中文知识结构选择一系列的语法点和语法结构，然后再编写和这些语法

哥伦比亚大学毕业后在纽约新学派大学任教

结构相应的课文。语音是几个几个地教，如果哪个语音还没教，课文里就不会出现含有那个语音的词语。比如"X"这个音，西方人普遍觉得难，作者大概安排在第10课才出现。但是"谢谢"这个常用的词语里就有这个音，即使没教，学生们也会问怎么说。所以，我一直想换教材，但市面上的教材几乎都是按这样的思路编写的。由此我就想根据我的教学经验和学生的需求，自编一本面向学生交际的教材。

　　《初级捷克语》是纽约Hippocrene Books出版的，这是一家出专业丛书的出版社。《初级捷克语》就是初级语言教材里的一本，此类丛书里还有《初级西班牙语》《初级日语》等。于是我就给这家出版社写了一封信，问他们有没有出版一本《初级中文》的兴趣，同时我也把我的编写想法跟他们说了。

　　我想要编写的教材是就以交际功能为纲的，交际功能就是话题，比如问好、道别、问名字、谈家庭、购物，等等，情景里涉及什么语法结构就教什么语法结构。

　　信发出后没多久就收到出版社的回信，他们对我的教材很有兴趣，让我写几篇样章给他们看看。我很快就写好发给他们，出版社马上就回信说他们喜欢我编写的样章，随即就跟我签合同，让我着手正式编写。

　　此时我已经教了多年的中文，自己觉得也有不少体会和经验，所以写起来很快，大概不到三个月的时间就完成了。写作虽然是三个月，但打字和排版差不多也花了三个月。这是因为那个时候Hippocrene没有出过中文教材，他们的电脑系统里没有中文软件，所以我还得打字排版。

　　90年代的电脑技术还是蛮落后的，我要用一个软件打中文，另一个软件打标有声调的拼音，还要把拼音跟汉字对齐。当我把文稿发给出版社后，他们的电脑里没有我用的软件，所有的汉字和拼音都是乱码。所以那一段时间中，我每天都在应付这些排版的事情。

　　终于，《初级中文》在1997年的9月问世了。我一开始并没有想到此书出版后会产生什么影响，但它的销量很好，很快就成了出版社最畅销的书之一。甚至我接到过几所大学的来信，说他们在书店里买不到这本书，问我能不能帮他们买。在过去的20年里，这本教材一再重印，2010年还出了新的版本。

　　20年间也有不少对中国或是对中文感兴趣的人因为这本书与我结下了友情，这里且说两件吧。

　　好多年前我有一个实习生，叫谢逸，是哥大的研究生。有一天她乘地铁来联合国的途中，看到一位美国人在看中文书，谢逸看到那是我写的教材，就跟那人聊了起来。那人介绍自己是牙医，很喜欢中国文化和中医，正在自学，他觉得这本教材很适合他。

那位牙医的诊所就在联合国旁边，两人正好在同一站下车。下车后两人又继续交谈，牙医告诉谢逸他叫Ted，后来他们又多次接触而成为朋友。某天谢逸告诉了我此事，并问我能不能跟Ted见一面，我答应了，于是她安排我们见了一面，相谈甚欢。

Ted自哈佛大学医学院毕业，做过纽约州公共医疗办公室的负责人，现在自己行医。Ted是个很有意思的人，我甚至觉得他有点儿"不务正业"，因为他每星期仅开业两天，其他时间都花在了搞中国文化活动方面。他曾跟我说过，美国的每位医生都应该备一本《黄帝内经》。他对现有的翻译不满意，但是自己又达不到翻译的水平，他想去中国跟一名中医合作……就这样我和莉莉也经常与Ted见面并参加他组织的活动，后来有一段时间他还成了莉莉的牙医。

另外一个故事发生在2015年。联合国的语言部每年都有两次开放展示日，每个语言组都会派人在联合国大厅摆摊站台，向联合国工作人员宣传和展示我们各自的语言课程。那天早上正好是我值班，有一位西装革履的老先生来到我们的桌前，我还以为他是来注册语言课的呢，不料他用非常标准的中文跟我说，联合国的6个官方语言他都会。

听到他说一口如此标准的中文，我是不会怀疑他精通另外5门官方语言的。我起先以为他是联合国的高官，甚至是副秘书长。后来他自我介绍说是联合国的英文同声翻译，已经78岁了。他其实90年代就退休了，但是在联合国大会期间，他还会以自由译员的身份帮忙。他回去以后就给我写了邮件，详细介绍他学各种语言的经历。他会10种语言，还在学希腊语。

这位老兄很有意思，好像总有说不完的话，我每次给他发一封简短的邮件，他回复时都洋洋万言。交往一两个月后，有一天他突然问我，你是不是写过一本《初级中文》的教材？我说是啊，他非常兴奋地跟我说，他就是用我的教材学中文的。这位英语同传叫Kibbe Fitzpatrick，我在写这段文字的时候还欠他好几封邮件没回呢。

在Hippocrene Books出版的《初级中文》一炮打响，此后这家出版社便不断来找我写别的书。这也是蛮有意思的事儿，因为一般都是作者找出版社。在我出版了《初级中文》一书后，又陆续在这家出版社出了6本书，而且都是他们主动找我写的。这些书包括《中级中文》（*Intermediate Chinese*）、《汉英—英汉实用词典》（*Chinese-English/English-Chinese Practical Dictionary*）、《汉英惯用法词典》（*Chinese-English Usage Dictionary*）、《插图中国历史》（*China: An Illustrated History*）、《汉英—英汉词典与常用语词典》（*Chinese-English/English-Chinese Dictionary and Phrasebook*）、《儿童中文词典》（*A Children's Dictionary of Chinese*）。后来我跟这个出版社的人开玩笑说，我现在成了你们的驻社作者了。

文化接力

我从1996年起，利用晚上的业余时间，在纽约一个跟中国文化有关的机构做兼职中文老师。

这个机构叫 China Institute，按字面翻译应该是"中国学院"，但是机构的创始人在1926年成立时给它起了另一个中文名字，叫"华美协进社"。

我去那儿兼职也是一个巧合。有一次我去那儿参加一个文化活动，见到华美协进社的副社长Nancy Jervis，谈话中发现我们竟然是师姐弟。原来Nancy是哥大人类学系1986年毕业的博士，而我是1986年入读，因此并未在哥大见过面，不过我们有相同的导师。师姐师弟自然相谈甚欢。得知我的工作后，她马上就邀请我到华美（华美协进社的简称）兼职上课，我也就欣然接受了。

华美协进社是在美国成立的第一个致力于向美国大众介绍中国和传播中国文化的文化教育组织，因此有必要简单介绍一下它的历史和创始人。

华美协进社的创始人有四位，两位中国人、两位美国人，都是哥大如雷贯耳的学人。有意思的是如今常被忽略的一中一美创始人，当年的名气都比另两位大。这四位人士分别是郭秉文、胡适，约翰·杜威（John Dewey）和保罗·孟禄（Paul Monroe）。

郭秉文是第一个自哥大获得博士学位的中国人，在当时的学界和留学生团体中都比胡适更知名。他1914年从哥大毕业的时候，胡适才刚刚进哥大。孟禄当时是哥大教育学院的教授、教育系系主任，名气也在杜威之上。

1915年，郭秉文在完成哥大的学业后接受南京高等师范学校之邀参与南高师的筹建，以"热诚、博爱与公心赴之"，急切地想为自己的所学所获寻找一块教育试验场，初任教务长，后任校长。1921年学校改为国立东南大学，郭秉文出任首任校长。他充分借鉴美国的先进教育理念和管理体制，对学校进行了系统设计。郭秉文积极延揽优秀留学生在各学科工作，其中教育学科1923年聘用的13名教授，清一色都是哥伦比亚教师学院的学生，如此的师资阵容纵今日高校也只能望其项背。郭秉文还凭借在哥大时构建的学术网络，与胡适一起邀请、引荐知名教授来中国授课讲学和考察。最为知名的是他亲赴日本面邀，促成了杜威的中国之行，从而使杜威的学术思想深深影响了中国教育理论与实践的发展。

杜威来中国本只打算短期讲学，但他在中国的巡回演讲大受欢迎，最后竟延续了三年之久。在巡讲过程中杜威惊喜地发现：中国很多大学老师和学生对美国的历史、文化非常熟悉，而且大多数听众不需翻译就能听懂他的讲座。可他所在的哥伦比亚大学情况却相反，那里鲜有对中国充分了解者，会讲汉语的更是寥若晨星。

回到美国，杜威就向时任哥大师范学院教育系主任的孟禄教授提出了这一问题。此后不久，孟禄也应郭秉文和胡适的邀请来到中国演讲考察。杜威和孟禄都迫切感到有必要在美国创办一个文化教育机构，以传播有关中国的基本而可靠的信息。这种想法虽广受认可，但苦无资金支持，直到中华文化教育基金会成立，这一梦想才得以实现。

"庚子赔款"是1901年清政府根据被迫签署的《辛丑条约》，向包括美国在内的多国列强赔偿其由义和团运动造成的所谓损失而付出的巨款。1908年美国参议院决议退还中国所余的大部分美国庚子赔款，这些退回的赔款根据不同用途分为几部分，其中首笔用于创建清华奖学金，以资助中国学生到美国留学，郭秉文和胡适都是清华奖学金的获得者。由于第一笔退款的成功落实，美国国会1924年通过法案筹办基金会以监管庚子赔款第二次退款的运用。于是中美政府协商成立了由15人（10名中国人和5名美国人）组成的理事会，设立"中华文化教育基金会"，其中美国理事5名，包括杜威、孟禄，中国理事包括郭秉文。

尽管基金会的款项应该用于中国，但杜威和孟禄还是成功地说服其他理事，分拨25000美元在纽约建立一个命名为"华美协进社"的机构，并于1926年5月25日正式启动，由新卸任国立东南大学校长职务的郭秉文为首任社长。

郭秉文上任未久就领导华美协进社在费城世界博览会上成功举办中国教育展，展现了璀璨的中华文化和美国人前所未闻的源远流长的中华文明演变与现代教育发展，吸引了大批参观者。经世博会评选，中国被授予"全面公共教育发展"大奖，华美协进社也被授予"独特原创展览"荣誉奖章。

华美协进社自成立起，即通过各种形式传递中美教育和文化信息，增进两国教育机构之间的联系，推动学者的交流互访，协助在美的中国留学生，向美国公众介绍中国文化和中国概况，至今做了大量卓有成效的工作。

90年代华美协进社语言部的主任原是一位美国人，毕业于普林斯顿大学东亚系，说一口流利的中文。1999年年底，她因结婚搬到西海岸，职位出现空缺，华美协进社登出招聘启事。与此同时，华美的副社长也就是我的师姐Nancy Jervis，询问我对这个职位是否有兴趣。

华美协进社是纽约知名的推广中国语言和文化的组织，其语言课程大概是除高校以外学生最多的机构。我觉得在华美工作可以做许多自己喜欢的事，尤其是与中国文化相关的事情，于是便递交了申请。因我已在华美兼任教职多年，学术背景又是语言和语言教学，加上跟Nancy的师门关系，很顺利地就被华美聘为语言部主任。

当时语言部主任的任务除了负责社里的中文课，包括课程的设置、课程大纲的制定、教师的聘用以外，最重要的就是招生，因为没有学生，一切都是空谈。

我们有两类学生，一类是各行各业的成年人，一类是3至8岁的小孩子。语言部主任其实是光杆司令，没有任何专职助手，只有一名兼管很多杂事的行政助理，协助处理学生注册的事宜，其他的都需要我亲自操办，包括跟儿童班学生的家长联系。这些家长通常很关心孩子的学习，经常打来电话提建议或提意见。

当时纽约地区有3000多户美国家庭到中国领养孩子，这些家长大都希望孩子能继承中国的文化传统，希望他们会说中文。这些家庭的经济情况都比较好，因为在申请出国领养孩子时，美国政府有关部门会对申请领养的家庭做调查，经济状况是其中很重要的一条评估指标。这批领养中国孩子的家长成立了一个组织，叫 Families with Children from China，简称FCC，会经常举办一些活动，交流心得，让孩子们交朋友，所以FCC的孩子们是我们儿童班的一个主要生源。由于我们给FCC提供了很多他们迫切需要的语言和文化服务，他们后来邀请我担任他们理事会的理事，这是进一步向FCC宣传我们课程的好机会，我就答应了。

在我担任语言部主任期间，成人班和儿童班的学生一度达到400人。当时我们有20位左右的老师，其中只有一位是全职，其他都是兼职老师。他们有的是大学老师（包括来自哥大和纽大），有的是中小学老师。正是有了这批优秀的老师，我们的中文课程才得以口耳相传，成为纽约民众学习中文的一个中心。

这段时间中我除了负责语言项目以外，还主办了一份每月两期的通讯报道。通讯的内容包括社里举办的各种活动，纽约地区跟中国文化有关的活动，跟中国有关的报刊文摘、语言问题问答和趣闻。通讯是用电子邮件发送的，读者可以转发，这样就产生了越来越大的影响。

莫言（左）在华美协进社与读者见面，2001年。

另外我还参与组织社里的一些文化活动，记忆最深的是为莫言做的一次活动。那是2001年，他的《酒国》一书英文版在美国发表。当时莫言已颇有名气了，我清楚地记得《纽约时报》刊登文学评论家Richard Bernstein的文章，开篇就说："当代中国有两位最好的作家，一位是男的，一位是女的。男的就是莫言，女的就是王安忆。"

莫言要来美国参加为《酒国》英文版出版而举办的宣传活动。安排他访美的机构找到华美协进社，询问能否举办一场莫言与美国大众见面的双语活动，社里答应了，随后安排我和一位著名的汉学家Jeffrey Kinkley担任莫言的翻译。

Kinkley是圣约翰大学的教授，他的中文名字是金介甫。他是专门研究沈从文的，但现在莫言也是他研究的对象。当天观众爆满，足见莫言的号召力和活动举办的成功。事隔10年后，莫言获得2012年诺贝尔文学奖时，社里一片欢腾，还找出当年莫言、金介甫和我的合影在社里的大屏幕上滚动播放。

进入联合国：2002—2017

我在华美协进社任语言部主任刚两年，就遇到了人生的一个重要转机，而且还事出偶然。

我们语言部有位老师同时也在联合国兼职教中文，有天他来跟我说联合国中文组的负责人马上要退休了，正在招聘继任者，建议我去试试，并随身带来了一份申请表。

我研究了一番，觉得自己还是蛮符合申请所列的要求条件的。招聘书上写：申请人须有语言专业相关的硕士学位、5年的中文教学经历及管理语言项目的经验。我的博士学位是语言学，又有十多年的中文教学经历，现在正管理着一个有近400名学生的语言项目。

但我自己并不确定是否要到联合国去工作，因为我很喜欢当时的工作。不过人似乎总是这样：有个不错的新机会在面前，就想试一下，不管结果是否成功，也不管成功以后是否接受，于是我抱着这样的心情提交了申请。

过了一段时间接到通知说，某月某日某时去联合国总部参加笔试，我收到通知后只记下日期就置之一旁没再过问。考试前没做任何准备，原因有二，一是当时挺满意自己的工作，对是否去联合国工作抱着无所谓的态度；二是通知上没说考试内容，也无从准备。

或许就是在这种无所谓、没压力的心态下，才能保持自然放松，才能发挥得最好。

联合国总部在42街，华美协进社在65街，坐地铁过去10分钟可到。考试那天我跟社里人说出去办点儿事就回来，然后就径直去了联合国一号楼的一个房间参加考试。

一进门便看到里面的人坐得满满的，有二三十人吧。考前我跟左右两边的人略聊了几句，才发现他们都是从全美各地赶来参加今天的考试的，有人专门为了考试提前来纽约住了一个星期了。我这时才意识到事情的严肃性，后悔事前没花一点时间准备，心想这次一定会考砸了。

试卷发下来一看，方才定下心来，因为上面的题目都在我知识范围和经验范围之内。英文方面的问题，我基本上凭1986年出国前在徐州师范学院当老师积累下来的知识就可以应答。中文的问题，我虽不是学中文出身，但那时我已经在美国出版了《初级中文》和《中级中文》这两本中文教材，基本语法还是很熟的。只是试卷上有些词汇辨析，如"'往往'和'常常'的区别"这样的问题，我对自己的回答不是特别有把握。至于教学管理，试卷上是一些情境题，列举了一些管理语言教学项目过程中会遇到的"状况"，问你该怎么处理。这些"状况"或"情景"我大多遇到过，所以答起题来也不觉得特别棘手。

英语有个熟语叫"wing it"，意思是在没有准备的情况下做某事、碰运气或现场发挥，用这个熟语形容我那次考试再恰当不过了。考完试我对结果也没抱太大希望，过了一两个月后接到联合国通知说我通过了笔试，倒是有点儿意外。下面接着就要面试和试讲。

试讲我并不担心，毕竟我已经教了十多年的中文。我在华美协进社还负责师资培训，参加所聘老师的试讲，对这样的试讲程序和情况还是非常熟悉的。

联合国的面试场面自然蛮大。面试官有联合国语言部的负责人、英语组和其他几个语言组的组长，还有一位外聘专家。这位外聘专家是美国一所大学中文部的负责人，在美国中文教学界小有名气，后来听说笔试的卷子就是她出的。

这些面试官轮番问我问题，具体问题我都记不清了，因为除了那位外聘专家，其他人都不懂中文，所以问的问题大多是关于教学管理和课程设置的，而这些都是我的日常工作，自然我都能有问必答。

面试后没多久就接到联合国的正式聘请，他们希望我在一两个星期内回复对这份工作接受与否。直到这时，我才真的感到有点犯难了。

我究竟该怎么办？从情感上说，我的确是不愿意离开华美协进社的，因为在这里可以做自己喜欢的事，每天都会接到新的项目，我也有很大的自主权，但是联合国的工作又是那么诱人。

思前想后，我如此权衡：我若放弃了联合国的这个机会，以后也许就永远不会有了；我若接受联合国的聘请，去了以后不喜欢那里的工作的话，还可以随时回华美协进社。抱着过去看看究竟如何的念头，我最后决定接受联合国的聘请。

当我把这个决定告诉华美协进社社长和副社长时，他们都非常意外，说如果我一走，语言部就要垮了。Nancy私下问我，如给我加薪，我是否可以不走。但那时我去意已决，便婉拒了，不过我说我走后还会继续协助华美语言部工作的。

我接到联合国聘书的时候是2002年的1月，他们希望我马上到任。然而那时华美的冬季课程马上要开学，有的课还没有安排好老师，更重要的是招生还在进行，我此时一走必然会引起混乱。于是我抱着侥幸的心理问了一下联合国语言部的负责人，我是否可以延迟去联合国报到，先把华美这边的事情安排好。她问我需要多少时间，我说最理想的是到4月初华美冬季学期结束。她非常通情达理，说没有问题，于是约定我在2002年的4月7日到任。

在华美协进社的全职工作就这样暂告一个段落了，但我与华美协进社的联系继续通过另一种方式 ——华美人文学会——而一直保持到今天。关于华美人文学会，我会在后面的一章中专门介绍。

驾轻就熟

我4月7日到任后很快就适应了新的工作环境，这是因为我在联合国的工作与我在华美协进社所做的工作基本一样。不同的是，我不再是"光杆司令"了。我们部门有不少助理人员，我自己不再需要管学生的注册事宜了，这样一来可以节省不少时间和精力，全身心地投入到课程中。

我所在的中文组（Chinese Language Programme）属于语言与交际部（Language and Communication Programme）。语言部是人力资源厅的一部分，人力资源厅除负责联合国工作人员的人事外，还负责他们各方面的培训。语言部提供的就是联合国六个官方语言的培训。

我们语言课的学生对象，是将所学的语言作为第二语言或外语来学的。同时我们也有交际课，交际课的学生对象是母语即这门语言的学生，教他们如何写联合国的报告、备忘录，等等。

来我们这里上课的有两部分人员，一部分是联合国的工作人员，一部分是联合国的外交人员。

所谓外交人员是各国驻联合国代表团的外交官，他们与联合国工作人员的不同之处在于，他们由本国政府派遣，人事隶属于本国政府，工资也由本国政府负责。他们在联合国代表的是他们本国政府的利益，他们要效忠于自己的国家。

而联合国的工作人员在入职的第一天就要签一份誓言，从入职第一天就要效忠于联合国，而不是自己的国家，所以我们在联合国是不能随便发表有悖于联合国立场的政治观点的。

我到联合国不久就感觉到这是一个工作环境非常好的地方，周围的同事来自世界各地。因为联合国的工作都要通过高标准考试，所以在联合国工作的国际雇员大多是各国的精英。联合国有193个会员国，每个会员国都有自己的公民在此工作，可以说联合国是个最具文化多样性的国际组织。

从语言教学的角度来说，中文部在某些组织和高校中都是独立的，跟其他语种基本没有关联。但在联合国却很不同，六个语言组是密切相关的，六个语言组的办公室紧挨着，六个组的老师每天一起办公，我们的教学大纲基本上也是按同一标准制定的。

大约在十年前，语言部采用欧盟的"欧洲语言学习、教学、评估共同参考框架"（又译为"欧洲语言教学共同纲领"）作为我们六个语言的大纲标准。六个语言组的组长每周找出一两天坐在一起，按此标准制定我们的教学大纲，足足花了两三年的时间才搞定。语言部非常强调六个语言之间的平等，虽然学员人数不一，老师的数量不一，但分配给各语言组的资源却几乎是一样的。

另外从联合国的立场来讲，六个语言总体上要齐头并进，若有某个语言做不到的事其他语言也不能做。例如：

联合国的六种官方语言各有一个水平考试（Language Proficiency Exam），学生在学完所有课程后便可报考语言水平考试。没有上过联合国语言课的工作人员如获语言组负责人的同意，也可以报考水平考试。这个考试不仅对纽约总部的工作人员开放，也对秘书处在世界各地的工作人员开放。

六个语言水平考试的命题由各语言组组长负责，中文的水平考试自然就由我负责。但试题并不由我们自己出，一般是我们的外聘专家来负责命题。

在大多数情况下，外聘专家都是大学老师。2010年后我聘请了中国国家汉语办公室（简称"汉办"）的考试处为我们出联合国的中文水平考试卷。汉办考试处负责中国面向外国人的汉语水平考试（HSK），所以应该是中国最权威的中文水平考试机构了。

我们语言部对过去六个水平的考试一直不是很满意，这是因为出题目的专家大多不是研究测试的专家。另外这个考试虽由联合国的考试部实施，却占用了我们语言部的不少工作时间。还有一个更重要的原因是，我们没有办法鉴定这六个水平考试是否在同一标准上，也就是说没有人知道中文试题的难度是否和阿拉伯语试题的难度一样。

在这种情况下，多年前我们就提出取消联合国自己负责的水平考试，让学生参加各语言国家的官方考试，如中文的HSK、法语的DELF-DALF（法国教育部面向外国人的法语水平考试）、西班牙语的DELF（西班牙教育、文化、体育部面向外国人的西班牙语水平考试）。这个提议是需要提交联合国大会讨论决定的，最后被联合国大会否决了，理由是俄语和阿拉伯语还没有权威的官方考试机构，所以其他语言也不能实施这一方案。

语言部的六个语种，我们在正式罗列它们时需要严格地按英语字母顺序：阿拉伯语、中文、英语、法语、俄语、西班牙语。虽然中文、阿拉伯语和俄语都有十数亿的使用者，但在联合国里学习这三门语言的人却少于英语、法语和西班牙语，所以是语言部的小语种。三个大语种都有全职老师，而三个小语种就只有兼职老师了，后来阿拉伯语才有了一个全职老师。所谓兼职老师就是国内所说的"签约教师"，他们不享受联合国的人事福利，也不算联合国的工作人员，报酬是按课时算的。从这一点上来看，六个语言还是有不平等的地方。

我们中文组的老师虽然都是兼职老师，但他们都非常敬业。理论上只需在上课时来，下课就可以回家了，但很多老师还是早来晚走，几乎跟全职老师一样。

小语种也有小语种的好处，就是我们能熟知自己的学生，能跟他们交朋友，时间长了还有一家人的感觉。中文对于母语是西方语言的人来说的确比较难学，很多人抱着试试看的心情来注册我们的课程，但是一接触到汉字和声调就打退堂鼓而退课。于是我和老师们想方设法提高他们的兴趣，也多为他们提供学习方面的帮助。

我觉得学习中文的最好方式就是去中国，哪怕是几个星期。于是我跟中国国家汉办联系，并得到了他们热情的支持和资助。从2004年起创办了联合国赴华中文培训项目，此项目一直延续至今，已有15年，已经成为联合国语言部的一个亮点。

我将在随后的一些章节里专门介绍联合国里的语言项目、中国文化活动和我仍在负责的赴华培训项目，此处就先从简了。

退休履新

2017年5月初，是我在联合国正式工作的最后一周，距我2002年4月入职联合国差不多整整15年。

这个星期我的工作日程排得满满的。

　　5月2号，语言部的同事给我开了一个欢送会，联合国其他部门的一些同事和朋友也来参加。中文组的老师和助理们匠心独运，事先准备了一段照片视频在会上播放，上面有我各个时期的照片。视频的最后一段是个惊喜——他们请联合国若干部门的负责人和同事每人录了一段临别感言。

　　我在会上致谢说：我在离开联合国时，最舍不得的就是人，就是在过去15年里，跟我朝夕相伴、共同奋斗的同事们，特别是我们中文组的老师们。令我恋恋不舍的还有一个联合国非正式编制的团队，就是曾经与我共事的联合国实习生团队。这个团队大多是年轻人，她们（用"她们"是因为这个团队大多是女孩子）聪明能干、积极向上，我在联合国主办的很多活动都是靠她们实施的。

　　5月3日晚上，由我主持每年一度的联合国"中文之夜"活动，这是我以现任职务主持的最后一场活动，所以又多了一层意义。活动前，南京大学党委书记张异宾教授、北京语言大学党委书记李宇明教授分别发来感谢信。

　　张书记其实是专派了南京大学海外教育学院的前任院长程爱民教授和现任院长赵文书教授把信送来并参加活动的。

　　张异宾书记在信中说：

　　　　您进入联合国15年来，特别是担任联合国中文组组长期间，借全球外交之平台，乘中国崛起之大势，为推广汉语和促进多元文化交流而殚精竭虑，取得了有目共睹的巨大成绩。当下，联合国汉语热方兴未艾，"中文日"等活动蓬勃开展，这些都与您的重要作用密不可分。

　　　　我们尤其感谢您在促进联合国与南京大学合作方面

所做出的不可替代的贡献。正是在您以及双方共同的努力下，联合国与南京大学合作举办的在华语言培训项目已成功举办了13届，成为联合国职员外语学习和中国汉语国际教育的知名品牌，赢得了广泛肯定和赞誉。

我们衷心希望您能继续关心和推动此项目，使双方合作不断加深巩固，为汉语的全球推广和不同文化间的友好交流做出更大的贡献。南京大学也欢迎您随时前来指导。

李宇明书记在信中说：

您在担任联合国中文组组长的15年间，目睹了中国的不断强盛、国际话语权地位的不断上升、中国为推广汉语和中国文化而做出的巨大努力。凭着您炽热的赤子之心、丰富的教学管理经验、圆通的人际关系、儒雅的处事能力，您在联合国这个最大的国际组织平台上，为传播汉语和中华文化，促进联合国内多语教育和多元文化交流做出了不懈努力，取得了有目共睹的巨大成绩。当下，联合国"汉语热"的不断升温，成为品牌项目的联合国暑期在华语言培训项目，各种丰富的文化活动展示等都凝聚了您大量的心血和智慧。

尤其感谢您在促进联合国与北京语言大学合作方面所做出的贡献。正是在您及双方的共同努力下，北京语言大学成为联合国学术影响机构的重要一员、语言资源高精尖创新中心成为联合国语言学习中心的科研支撑单位、北京语言大学选派的汉语教师成为联合国中文组教学队伍的中坚力量，并赢得了广泛肯定和赞誉。

　　中国驻纽约总领事馆教育组的徐永吉参赞和教育领事乔喆也出席了当晚的活动。我来联合国工作前后与中国驻纽约总领事馆的教育组联系非常密切，跟前后几任参赞和领事都成了朋友。我们的很多活动，包括联合国赴华中文培训项目，都得到了总领馆教育组的积极促成与大力支持。

　　5月5日是我在任的最后一天。当天温州大学校长吕帆博士来访联合国。吕帆博士是温州大学首位女校长，也是国内教育界的风云人物。

　　我主持了吕帆博士当天中午在联合国所做的题为"中国的医疗制度和医疗改革"的讲座。参加讲座人员包括纽约州立大学视光学院的院长和联合国相关部门的负责人与工作人员。这是我第四次主持国内高校领导在联合国的讲座，此前我还主持过南京大学党委书记洪银兴、上海纽约大学校长俞立中和北京语言大学党委书记李宇明的讲座。

　　当晚下班，是我最后一次以现任的身份走出联合国大楼。本应该百感交集，但是我没有时间去感慨动情，因为第二天第15届纽约中文教学研讨会就要举办了，国内外有不少来宾参加，我是会议的共同主席，还有不少事情等着我处理呢。

　　就这样我一边考虑第二天要做的事儿，一边不知不觉地走出了联合国的大门。

　　我跟联合国的关系其实并没有因为我的退休离任而到此结束。语言部的同事对我恋恋不舍，特别是当时我的继任者尚未选定，因此语言部乃至更上层的领导，都希望我能以特聘人员的身份继续负责联合国赴华中文培训项目。因为这个项目是我发起的，我也希望能继续发展这个项目，使这个项目更上一层楼，所以我也就欣然接受了这一安排，依然把自己看作联合国的一员。

我的家庭

在结束本章前，我要介绍我的家庭——妻子和我们的两个孩子，他们与我密不可分、血脉相连。

前边说到过我的妻子莉莉，她是个生活精彩、思想丰富、感情充沛的人；莉莉若是写自传可能会更精彩，更有趣。我俩是大学同学，"一见钟情"，两情相悦，相识相知至今已有四十多年了。

我来美后即帮莉莉申请来美探亲，而她1987年也被哥大教育学院录取为硕士研究生，因之那年暑假她就到了美国。

1980年代来美国读书的中国学生，留学生涯与现在从国内来的留学生完全不同。当年的留学生课外时间大多都去打工，在餐馆里端盘子、洗碗司空见惯；一般女生或陪读的太太们帮他人做babysitter（看护孩子的阿姨）或打扫卫生。莉莉也为我们住处附近的几个人家做些清洁工作和babysitter，有时晚上还要帮出去吃饭或参加社交活动的家长临时照看他们的小孩。这在爱面子的国人眼中是不可思议的：一个堂堂的硕士研究生、有身份的老师怎么会去做这些零工？然而莉莉从不这样想。她的思维很清晰，她认为这一切都是暂时的，为了孩子，为了将来，吃点儿苦算不了什么。当1987年寒假我从国内接女儿回到纽约时，莉莉给我看她的"寒假战果"——打工挣得的1200美元。在纽约寒冬腊月的冰天雪地里，我真不知道她是怎么做到的！

莉莉在事业和学业上是相当有追求的，然而因为我在攻博，

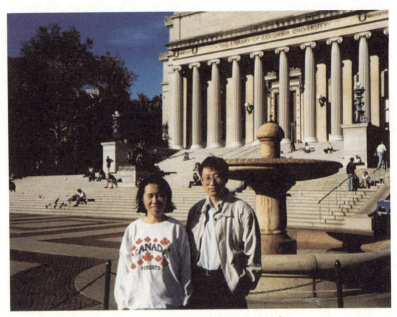

与莉莉在哥伦比亚大学校园，1989年。

功课多压力大，家里的许多事情都要靠莉莉承担；而且她还要照顾我们的孩子，使得她自己的博士梦便只能往后靠靠了。

莉莉在获得纽约市教育局容闳小学教职后，就迅速以自己的热情、爱心和娴熟的教学技巧赢得了学生和家长们的爱戴。得知市教育局有个奖学金项目，资助从事双语教学的老师在职读一个双语硕士学位，莉莉认为这是个进修的好机会，她便立即申请并获得了这个奖学金，被她的母校——哥大教育学院录取。于是，莉莉再度成为哥大教育学院的学生；这样，我们还可以继续住在哥大的宿舍里，房租相对校外来说也便宜一些。

莉莉在容闳小学任教多年，她教过所有的年级——从幼稚园到六年级。美国的小学一般是由班主任包班教学的，即数学、语文、常识课程都要教。对于以前从未接触过国外小学教育的莉莉来说，许多课程都是挑战，但是她就是这样一个永远自我挑战、从不愿止步于"安逸，舒适"原地的人。

2000年暑假，一个偶然的机会，她被纽约一所独特的高中聘用为中文老师。这是一所全球认可的可授国际学位的学校International Baccalaureate School of Education（IB）。该校的校长是一位有前卫思想的教育家，他像磁铁一样吸引着那些愿意从事教育全球化事业、培养21世纪新人的老师们。莉莉每天回来都是孜孜不倦地在研究IB的理论、课程设置，以及如何帮助学生在完成五年中文学业之后应对中文国际考试。用她自己的话来说，"我感到IB课程设置和考试准备让我真正地体会到了教育的真谛与快乐。每天都有新的挑战和难题，但是每天都有解决难题的成功和喜悦"。莉莉不但是学生们最爱戴的老师，她的学生参加国际考试也是战绩累累。中文零起点的学生完成5年的学业后在国际考试中得满分是莉莉最大的骄傲。莉莉从7年级一直教到12年级，她成功地制定了一套适合每个年级的教学大纲。2015年，当她得知自己的学生考试成绩在国际上与同类学生相比名列前茅的时候，她决定激流勇退——退休。学校校报刊登了这一消息，之后，历届毕业生和在校生回忆莉莉的教学，抒写莉莉的为人及趣事的文章频频不断地涌至校刊，成为校刊成立以来来稿最多、最热门的消息。

由于退休时还年轻，莉莉很快又被另一所学校聘为中文老师。这是一所招收从三岁到八年级学生的私立学校。莉莉以前教过小学和幼儿园，但是没教过三岁大的孩子。就这样，她又投入到新的挑战中。她就是这么个性格，不管做什么，只要接手，她就会全身心投入，做到完美。教书看来是莉莉一生的嗜好了。

1991年时，我们的女儿潇牧从初来美时就读的教会学校幼儿园转去Bank Street College（银行街学院）。这所学校里面有两个分部，一个是研究生院，它是全美非常有名的教育学院。另外，它还有一个实验学校，叫 Bank Street School for Children，学生年龄从三岁到八年级，也就是从学前班到初中毕业。

潇牧入校后不久，我们就发现这是一所跟传统学校很不一样的教学机构。它的特点用英文来说就是"Progressive"，直译成中文就是"前卫"。传统学校有很系统的教学大纲、有教材，学生每天有作业，平时有测验、小考，期终有大考，这些传统的做法这所学校都没有。

Bank Street 的教育理念是 "experience-based, interdisciplinary, and collaborative"，即以学生的经历／经验为基础，各学科全面结合和互助互学相结合，使用"学生身心发展，师生之间、同学之间互动"的教学方式。这种方式十分依赖于老师们的知识和技能。他们必须要熟知这段时间孩子们在成长过程中，身体、智力、语言和社交能力上的发展规律。要想做到上述目标，教师门首先应该发现每个孩子的不同，然后有针对性地在课堂上设置一个有益于每个学生身心发展的环境及课程，从而让每个孩子在老师的密切关注和引导下，自行摸索，发展、学习、成长。

实验教学法没有传统的大纲，而是以主题为纲。例如有个学期，潇牧班上的主题是"水"，每个科目：语文、数学、科学、自然、美术，甚至体育课都是谈"水"这个话题。老师不布置作业，不给学生考试，他们利用丰富的资源让孩子们"在快乐中学习"，他们深信"Teachers teach, homework does not"（老师教书，作业却不教）。

这种教育哲学认为，如果老师们在课堂上能抓住学生的兴趣，让他们对学习的内容感兴趣，学生们便不需要在家里苦苦地做功课。广大的家长和孩子们对此当然是欢迎的，但是对于我们这类从小接受传统式教育的家长来说，则不太容易接受这种前卫的试验。为此，莉莉经常在家长会上向老师提建议，后来老师无奈，只能单独地给潇牧布置一些作业。

即使这样，我们仍然感觉很担心，担心潇牧如果未经严格的考试训练，日后会吃亏。尤其是纽约的公立学校和很多大学，各级升学都还是遵循传统的教学方式，孩子现在轻松快乐，只怕以后就会吃苦的。我们觉得宁可先苦后甜也不要先甜后苦吧。

出于这样的考虑，我们在潇牧五年级升六年级的时候，把她转到纽约市新成立的一所相当不错的公立初中——Lab School，据说这所学校很难进，然而潇牧早上8点钟去面试，我们下午回到家时，家里电话留言机上已有学校的留言通知她被录取了。

上了这样一个优秀的公立初中，对潇牧的学习习惯来说也是一个很不小的转折和挑战。她在新的学习环境中不知道怎么复习，如何应试；因此第一年的考试失利连连，历史老师总是给她很低的分数，年终的英文和数学州统考成绩属于"下等"。莉莉很担心，可是她学校的校长却十分轻松地告诉她："不要担心！没什么了不得的！暑假快乐！"果然此后的几年潇牧就完全适应了，考试成绩每次都是名列前茅。

潇牧初中快结束即将升高中时，我们面临着两个选择：一个是直接进入住地所属学区的某高中，不需经特别的考试；另一个是通过一个特别的考试进纽约市的特殊高中，特殊高中也就是国内所说的重点高中。后来潇牧考过了特考分数线，上了纽约的一所特殊高中。

　　美国的高中比国内多一年，为四年。头一两年的教学还比较稳定和正常；从第三年开始，学生们在很大程度上就要开始为申请大学做准备了。申请大学的学生们要准备的方面很多。其中最主要的是应该在校成绩好、要参加SAT考试，当然还有一个非常重要的内容，也是高校最关注的，就是学生们的课外活动，如体育运动、社区活动、志愿者服务和参与有领导意义的活动。

　　潇牧是个学习刻苦的学生，成绩也是班上排名较前的，在高中的时候她上了很多门大学预修课程（AP），课外活动更是一丝不苟。她冒着纽约的酷暑高温，在"唐人街育儿中心"着着实实地义务服务了180个小时。高中四年的每个感恩节、圣诞节她都是在贫穷社区服务社里度过的。纽约的一些社会活动，从"预防艾滋病"、"同情、支持同性恋"，到"治疗防止小儿麻痹症"，潇牧每次游行都到场，每项捐款都参加。当然她的每次活动都要拖着妈妈，妈妈是她捐款的后盾，也是她游行的伴侣。难怪莉莉在潇牧上大学后说："现在没了这些活动，静了好多，也寂寞了好多。"

　　在美国可以任由学生申请多少所高校，通常学生会申请十所左右，这样可以比较一下录取自己的学校，再最后决定自己最喜欢到哪所去上。潇牧也被七八所学校录取，其中之一便是哥伦比亚大学女校巴纳德学院。

　　巴纳德学院虽是女子学院，但是学生可以到哥大本部修课，哥大本部的男女学生也可以来巴纳德学院修课。我觉得巴纳德学院是一个很好的选择，一来离家比较近，二来学校也是名牌的文理学院，所以向潇牧力荐接受该学院的录取，莉莉也很赞同。潇牧是在哥大校园区长大的，对哥大本校区、教育学院大楼和巴纳德校园，她都有着抹不去的童年回忆，所以她最后也决定上巴纳德学院。

潇牧上巴纳德时，我们家已经搬到与纽约市隔河相望的新泽西州了。其实很多在纽约市工作的人都住新泽西州，两地的区别跟上海的浦东、浦西差不多。我们家虽然离哥大不远，但是潇牧并不想住在家里。

很多高中生进大学时都想远离家乡、远离父母，以期获得从未享受过的"自由"。潇牧不愿住在家里，大概也是出于这样的心理。但她也不愿意住校，因为巴纳德是个女校，学校对管理，特别是安全方面非常严格，住在外面应该更自由些吧。

潇牧是个很独立的女孩了，我们起初有些担心，但最终还是同意了她的选择。我们帮她在哥大附近租了一间房子，房东是位早年从东欧某国家移民来美国的老奶奶。有趣的是这位老奶奶只租房间给中国姑娘，她养的小狗叫"Xiaoxiao"，这一老一少相处得倒是很好。

潇牧在巴纳德主修的是经济学，这是美国高校很热门的一个专业。她辅修的是政治学，这两个专业在美国都很好找工作。潇牧从小酷爱写作，自己撰写、打印、装订的小说就有几抽屉。她的梦想是当作家，但是莉莉一直在"打击"她的积极性，认为她应该把写作技巧用在其他专业上。潇牧到大三结束时就打算毕业后上法学院，也许是听取了妈妈的建议，她巧妙地利用和发挥了自己的特长吧。

美国的法学院跟中国的有很大不同。在中国，高中生可以直接申请法学院读本科，而在美国读法学院必须大学毕业以后才能申请。很多人在本科毕业后工作几年，积累一些经验再申请法学院，但潇牧决定中间不脱节，一鼓作气把法学院读完再工作。

法学院是要考入的，所以潇牧在大四上半年花了很多时间准备考试。她用了三年半时间读完了双学位，还考了LSAT（律师入学考试）。她的考试成绩很不错，申请的几所法学院也都录取了她，最后她选择了华盛顿的乔治·华盛顿大学的法学院。

法学院要读三年，完成后拿的是"法学博士"学位。潇牧第一个学期就被"法律写作课"的教授选中做助教，可见她的写作功底是很扎实的。进法学院的学生将来都是要当律师的，因此学完一年后学生就要寻找实习机会，或去律师事务所，或去政府的司法部门等。乔治华盛顿大学在美国首都华盛顿中心，离国会山庄很近，所以它跟美国政府的关系比较多。

潇牧第一年暑假在美国司法部找到了一个实习的机会，她跟我们说司法部管理的事务和保存的数据是很"可怕"的。她可以在办公室的电脑系统里查看任何一个美国公民的资料。她说我们从1986年到美国后的住址、电话、雇主等信息在政府的档案里一览无遗。她第二年暑假的实习就更重要了，因为这次实习直接关系到毕业后的就业。其实有人说在美国大学里没有竞争是很不确切的，潇牧班里成绩好的优秀生经常西装革履地去参加面试，而成绩中下的学生则没有这样的机会，虽然他们都是同班同学。

应该说潇牧的运气很好，她在纽约最大的一家律师事务所找到了一个实习的机会，实习有薪酬，而且还很丰厚。他们这批实习生共有19名，公司跟他们说，实习的最后一天会宣布公司是否会在他们毕业后录用他们，实习生们对此自然是既兴奋又紧张。

律师事务所当然欢迎优秀的毕业生，在职业竞争市场上，他们也要用自己的魅力来吸引新生的职业大军。律所每天安排律师们轮流带实习生去高档餐馆吃午饭，中间还安排他们去伦敦的分部参观访问，目的是培养这批实习生对公司的感情。

实习的最后一天到了，实习生毕业后是否能留下来在公司

参加女儿毕业典礼，乔治·华盛顿大学，2006年。

工作也即将揭晓。我们在家里同样感到非常紧张。那天下午四点多，平时潇牧不会打电话的时间，她来电告诉我们：她被选中了！我们正要祝她真幸运的时候，她又说19名实习生全部留下了。真是幸运的19位未来的律师！公司还宣布了连他们自己都没有想到的起薪工资：15万。很难想象一个没有工作经验的毕业生能有这么高的起薪。更有意思的是他们回到学校后没两个月，公司又来通知说他们第二年入职的起薪工资又增加了两万。听起来好像是公司生怕他们跳槽不去，不断地引诱他们，同时也说明当时美国的律师业是多么红火。

　　潇牧毕业后顺利通过了律师资格考试，成了一名律师。

　　潇牧大学时交了一个男朋友，他叫李业凌，是纽约大学商学院的学生，两人同年。业凌的父母早年从香港移民来美，是非常厚道淳朴的一家人。潇牧和业凌 2007年结婚，两人的爱好是旅游。他们家里有一张世界地图，每去一处，他们就在上面按一个图钉，现在地图上扎满了图钉。当然最让我们觉得了不起的是两人成功地跑完了2011年的纽约马拉松全程。2012年，我们的外孙女Ava出生了，两年后又有了个外孙Austin。 这两个孩子都是女儿和女婿自己带大的。Ava 六个月进托儿所， Austin 则三个月就入托，他们在托儿所里养成了良好的习惯， 同时也接受了很多我们所不知道的西方式幼儿教育。

　　我和莉莉是女儿一家的坚强后盾，无论在经济方面，或是应急托儿、做中餐和教孩子中文等方面。只有一点我们不涉足、不插嘴：如何养育子女。莉莉的观点是："我们用我们的价值观、世界观、时间和金钱带大了我们的孩子；现在，带大他们的孩子是他们自己的责任。我们可以帮忙，但是这份经验肯定应该是他们的。"

　　我和莉莉已做了好几年的外公外婆了。我们常常用苹果手机上的视频聊天功能来看看孩子们童稚的笑脸，听听他们唧唧喳喳的童音，每个周末翻天覆地的"二宝还乡团"使我们享受到十分的天伦之乐。

　　潇牧有个弟弟，叫潇笛。到美国多年，我们由于忙于学业和事业从没想过再要个老二。1992年我从哥大毕业，莉莉也已工作并在职读哥大教育学院的第二个硕士学位。1993年顺利拿到学位，我俩感觉"功成业就"了。奋斗多年，现在学位拿到了，稳定的工作有了，也有了绿卡，于是就滋生了再要一个孩子的念头。就在这样的情况下，我们的儿子安迪于1994年出生了。我们给他起名 Andy， Andy的英文发音很像中文的"安迪"，也便于他的爷爷奶奶、外公外婆叫他，我们以此决定了他的中文名字：

参加女儿的婚礼，2007年。　　　　　　与外孙、外孙女

何潇笛。

安迪比姐姐小13岁，是在我们的小家和国内的大家的呵护下长大的。虽然莉莉和我都没有重男轻女的思想，但毕竟是中年得子，很多年轻父母的锐气和热情都减了很多，对他的要求也不像对姐姐那样严格和"苛刻"。安迪是个性格阳光的孩子，很小的时候就显示出他极强的社交能力和语言表达能力。

他从两岁多就跟着我带的中文暑假旅游团回国，小小年纪的他很快地就能发现团里年龄最小的团员，不但不认生，他还会常常跟他们主动搭讪，玩耍。Andy四岁开始便随妈妈上了容闳小学幼儿园和小学，各个年级的老师都用"阳光，正能量强，给课堂带来欢乐"等评语来夸赞他，有一年的班主任甚至说"Andy is delicious"（安迪真是香甜可爱）。

和很多同龄的美国孩子一样，安迪上中学的时候也就开始了他的"叛逆期"。不但在家里，在学校里他也经常跟学校领导就一些规章制度和管理方法上的内容不合拍。莉莉为了这些操尽了心，她熟知公立学校的规章，周旋于校领导、老师和孩子之间，积极地帮助学校解决了一些问题，也帮助安迪顺利地完成了初中的学习。

安迪升高中时我们已经住在新泽西，不能上纽约的公立高中了，而我们家住址所属的新泽西学区公立高中也不尽理想。高中对于美国学生来说是关键的四年，它将决定一个学生能上什么大学；而上什么大学又极大地影响学生一生的事业发展，故此我们打算把安迪送到联合国国际学校（United Nations International School）。当时潇牧已经从法学院毕业了，潇牧在读法学院时，学费加生活费对我们这等中产阶级的家庭来说是不小的一笔开支，所以安迪一直都是在公立学校读书的。

联合国国际学校UNIS建于1947年，虽冠联合国的名字，却是一所对外招生的私立学校。它的入学标准跟曼哈顿其他私立学校一样，对联合国工作人员的子女在学费上没有任何优惠，但是可以免他们的入学考试。UNIS是所K-12学校，也就是说学生可以从幼儿园一直上到12年级（高中毕业）。目前的学生构成差不多百分之四十是联合国的工作人员和外交人员子女，百分之六十的学生是联合国以外人员的子女。联合国国际学校是国际学校欧洲理事会成员，受国际学士组织的（International Baccalaureate）领导。

UNIS的学生在高中11年级和12年级时要参加两年的国际学士专业学习，也就是说要上大学的课程。在两年内选修6门课程，语文、外语、数学、物理／化学、历史、美术／音乐。除了这些课程外，学生还要参加150小时的社会服务和课外活动，外加一篇4000字（英文，如果是中文则需要4800字）的研究论文。

论文题目可自选，但其难度要相当于美国大学一二年级水平。拿到UNIS文凭的学生在大学里可以免修一些学分。有国际文凭的学生在申请大学时也有相当优势，此外，国际文凭是全世界各个大学都承认的文凭。

因为我在联合国工作，安迪可以免除入学考试，经过一次面试后就被顺利录取了。从公立学校到私立学校，从整天和美国学生在一起，到现在跟世界各地的同学在一起，对安迪是个很大的环境变化。严格的学业要求、大量的作业，特别是独立的课外自修对他都是一个个挑战。大概一两个学期后他才逐渐适应，我们也尽力配合，有时也给他找家教辅导。安迪凭着他的毅力和决心，顺利地完成了学业，拿到了UNIS的毕业文凭和国际学位。作为家长，我们参加了他在联合国大会堂举行的毕业典礼。那天学校请来的发言嘉宾还有美国驻联合国代表团团长苏珊·赖斯（Susan Rice），她后来做过奥巴马总统的国家安全事务顾问。

美国的高中都设有大学申请咨询办公室，私立学校对此更是关注。因为学生能否进入理想的学校对母校的名声有很大的影响，私立学校要投入大量的人力物力为学生和他们的家长服务，联合国国际学校当然也不例外。学校的大学申请咨询办公室有专人提供咨询服务，安排学生与各大学的代表会面，举办各种讲座，帮助学生准备申请材料等。

如果说潇牧申请哥大女校是对哥大校园的向往和年幼时的美好记忆的话，安迪申请波士顿的大学则是因为他对波士顿凯尔特人篮球队如痴如醉的爱。当然他还想去一个"远到父母想来却一下子来不到，近到自己想回家就回了"的地方。安迪申请了七八所大学，都在波士顿地区，在录取他的学校中我们都觉得波士顿大学比较好。百度网上对它的介绍是

　　波士顿大学（Boston University），创办于1839年，是美国一所历史悠久的世界顶尖私立大学，同时也是全美第三大私立大学。学校现有来自全美50个州以及全球125个国家的近三万名学生，其中国际学生总数约4700人。学校设有15个学院，开设250多门课程，包括全美顶级的生物医学工程专业、商科、法律、经济学、医学预科等。采取国际化、多元化的管理经营方式，学校吸引了来自世界各地的学生，使波士顿大学成为一个著名的世界文化交流的学府，素有"学生天堂"之美名。

　　波士顿大学在全球享有一流的学术声誉。在2018年的世界大学排名中，被《美国新闻与世界报道》评为世界第39位的顶尖综合大学；在泰晤士高等教育世界大学排名中位列世界第70位。其中，根据《美国新闻与世界报道》的排名，学校的法学院名列全美第20位，药学院排名全美第29位，工程学院位列全美34位。

　　我们建议安迪上波士顿大学的一个原因是：安迪想和姐姐一样，大学毕业后也打算申请法学院。波士顿大学的本科毕业生被各个法学院录取的机率很高，再说波士顿大学的法学院名列全美前20名，自然是个好去处。就这样，安迪接受了波士顿大学的录取，于2012年的8月远离家乡去波士顿上学了。

　　说是"远离家乡"，其实波士顿距纽约并不远，350千米，跟南京到上海的距离差不多。但是美国没有高铁，来回都得坐五六个小时的大巴。此外学校的宿舍暑假时不能住，必须把所有的物品都带回家来。所以在他上学的四年期间，每个暑假我和莉莉都要开车去波士顿把他的东西拿回家来，开学时再开车把他送回去，这几年我们可去了不少趟波士顿。

在美国读法学院对学生的本科专业没有特别的要求，也就是说本科读什么专业都行。安迪在入学时本打算毕业后申请法学院的，所以选择的本科专业是"美国历史研究"。读历史是很辛苦的，书要看得多，论文也很多，如果要想得到GPA高分，那就更要付出极大的努力。但是跟很多大学生一样，他大三以后改变了初衷，对电子广告产生了浓厚的兴趣，希望向这个方向发展。

当然安迪也是经历了思想斗争的。一方面他对自己非常了解，知道自己想要什么，另一方他又担心我们会对他放弃法律专业感到失望。莉莉是个细心的母亲，她对儿子细微的思想变化早有观察。在2014年冬天最冷的一个晚上，莉莉借询问波士顿的天气跟安迪电话聊了起来，结果两人一直聊到凌晨三点。莉莉不但消除了安迪的一些不必要的顾虑，同时还给了他很多专业上的建议，并提出了确实可行的"短期计划"和"长期计划"。

安迪后来说从那天晚上以后，他的每一天都是快乐的，因为他可以全心全意地去追求自己的梦想！大四时他申请了本校的研究生并被录取，与此同时他申请的纽约一家大广告公司也有了回音。毕业典礼后的第一个星期他就得到了录用通知。他权衡了一下，认为实际的工作经验是他最需要的，于是他决定去这家广告公司工作。他的大部分同学毕业时还不知道以后要做什么，而他马上就有了工作，确定了事业发展的方向，是非常幸运的。说来也巧，这家公司就在联合国旁边，我们有时上班还能一起走。

其实促使安迪改变专业方向的还有其他的因素。在他上大三的时候，莉莉总是建议安迪要好好安排时间，打点儿工，自己挣一点零花钱。后来他应聘去波士顿地区一个很有名的华人律师家里陪伴他们的两个男孩子，一个五岁，一个七岁。安迪主要的工作是陪他们周末去波士顿郊区的豪宅度假，负责两个孩子的生活。工作是非常简单的，报酬很高，安迪要全心全意地陪上一个周末。安迪工作了三个月，他在豪宅里看到了有钱人的"幸福生活"：父母花钱雇人照顾自己的孩子，巨大的豪宅到处毫无人气，顿顿饭都是速冻食品。安迪打工到期末考试就不做了，他后来告诉妈妈说这个工作让他改变了他的学习目标和人生观。

他觉得学习的目的是让自己能有好工作，从而使生活过得更好、更丰富多彩，但是生活的质量是不可以拿金钱和物质来衡

参加儿子大学毕业典礼，波士顿，2016年。

量的。如果他的奋斗目标最后会是这样的结果，那不是他所想要的。安迪反复地讲每次他跟这家人在一起的时候，他都会想起他自己充满欢乐、爱和温暖的童年，特别是妈妈每天亲手做的饭菜，姐姐做的蛋糕和甜点都深深地留在了他幼小的心灵里。他看着眼前的两个孩子，觉得他们很可怜。这次工作经历使他明白了人生的意义，知道要为自己所爱的事业而努力。

热爱和激情是成功的第一要素。安迪因对其工作的兴趣和挚爱，加上他的勤奋，很快就胜任了工作并得到主管的器重与同事们的信任。工作一年半他被连续提拔两次，升任经理，负责一个十来人的团队了，此时他才23岁。

当然安迪的成功还有其他的因素，莉莉总是说安迪在餐馆打工的经历对他的成长是有绝对影响的。安迪在大三时在一家韩国餐馆打工，老板娘是韩国人，非常喜欢他。但是唯利是图的老板为了一点点小事转眼间翻脸不认人和一些没有素质的顾客的无理取闹也常常让安迪吃尽苦头。后来他在博客里写道："如果你要想成功，想做得出色，你一定要去尝试'上有不讲理的老板娘，下有胡搅蛮缠的顾客'那种夹板气的感觉。"莉莉虽心疼得不得了，但是她觉得这类经历会培养安迪的工作能力和忍耐力，学会如何跟领导和同事们相处。

说到两个孩子的培养和教育，有件事我一定要提一下：两个孩子谈朋友的问题。多数中国父母都禁止孩子在初高中谈恋爱，有的甚至都不准孩子在大学找朋友。莉莉的教育观念不是这样的。在孩子们很小的时候，她就会告诉他们："爸爸妈妈可以为你做一切，唯有一件事情做不到，就是你将来的家庭幸福。爸爸妈妈不可能告诉你将来你爱的人会在什么时候、在哪里出现。你自己一定要认真把握。"莉莉跟孩子们最重要的交流就是"早

教，先教，多教"，意思就是她在孩子们很小的时候就会潜移默
化地把优秀的男生、女生的标准灌输给孩子们，并且告诉他们为
什么。这种教育是长期的、一贯的、正面的，所以两个孩子谈恋
爱的时候，我们对他们的选择都非常满意。其实两个孩子在高中
的时候都有他们所倾心的朋友，莉莉不但没有阻止，反倒是请他
们到家里来玩。我想莉莉的做法是对的，因为孩子们情窦初开，
爱上异性是非常正常的事情，与其去阻止他们，让他们躲躲藏
藏，偷偷摸摸，倒不如正面对待，让他们在家里玩。莉莉说很多
中国家长的错误在于平时不谈这个话题，一旦发现孩子爱上跟自
己标准不同的异性朋友，就极力反对，这样孩子就反叛，造成家
庭的不和睦。

中文与联合国

其实没人能报出一个精确的数字，

因为这个数字跟道琼斯指数一样，

几乎每天都会变。

有统计资料显示，

大约每两个星期就会有一种语言消亡。

联合国的语言

中文与联合国的关系似乎是大家都感兴趣的话题，因为我走到哪儿都有人问起它。回答这个话题就得先说说联合国的语言整体状况，而要说联合国的语言我就得先讲一下世界上总的语言状况，介绍一下相关背景情况。

我在国内外做过很多次跟语言相关的讲座，每次我都会问学生或听众：全世界一共有多少种语言？鲜少有人能回答得比较正确。有说几百种的，有说几千种的。

其实没人能报出一个精确的数字，因为这个数字跟道琼斯指数一样，几乎每天都会变。有统计资料显示，大约每两个星期就会有一种语言消亡。保护濒临灭绝的语言就像保护濒临灭绝的动物一样重要，当然这是另外一个话题了。联合国教科文组织有个统计数字说，全世界有7000多种语言，我今天写到此时，统计数字是7102种，但等本书出版时数字肯定不一样了，不过我们说7000多种语言是没有问题的。

这7000多种语言在世界各大洲的分布并不均衡，语言最集中的是亚洲，有2301种；接下来是非洲，2138种；太平洋群岛，1313种；美洲，1064种；欧洲的语言最少，只有286种。

当今世界的人口是72亿，但三分之二的人口说以下12种语言：中文（13.9亿）、印度-乌尔都语（5.88亿）、英语（5.27亿）、阿拉伯语（4.67亿）、西班牙语（3.89亿）、俄语（2.54亿）、孟加拉语（2.5亿）、葡萄牙语（1.93亿）、德语（1.32亿）、日语（1.3亿）、法语（1.18亿）、意大利语（6700万）。这些语言之半数，是联合国使用的官方语言。

联合国是世界上最大的国际组织，有193个会员国。我曾统计过，这193个会员国总共说101种语言。我们语言部也曾调查过，联合国总部工作人员讲的语言总共有600多种，因为不少国家有若干种官方语言。

正因为有这么多国家、这么多种语言，所以联合国对语言问题十分重视，并通过了不少相关决议。联合国前任秘书长潘基文曾就语言问题专门说过："多语种的使用是保证不同民族间和谐沟通的基本要素，因而具有非常重要的作用。它可促进宽容的心态，不仅能让各成员国更积极有效地参与到联合国的各项事务当中，还能保证更高的工作效率、更好的成果和更全面的投入。秉承着分享和沟通的精神，各行动方案应以保护并鼓励多语种的使用为宗旨。"

我们经常对外介绍说联合国有六种官方语言：阿拉伯语、中文、英语、法语、俄语、西班牙语；两种工作语言：英语和法语。联合国在初创时期曾确定官方语言为五种：中文、英语、法语、西班牙语和俄语，1973年又增加了阿拉伯语，所以现在对外介绍联合国有六种官方语言，其中英语和法语作为日常工作所使用的语言。但实际情况要复杂得多，因为联合国的不同机构情况各异。要说明这个问题，我们得先简单地介绍一下联合国的基本组织结构。

联合国由以下六个机构组成：联合国大会（联大）、安全理事会（安理会）、经济与社会理事会（社经会）、托管理事会、国际法院、秘书处。

联大是联合国的重要组成部分，由所有会员国组成，是唯一一个所有会员国拥有平等代表权的议事机构。

安理会顾名思义，负有维护国际和平与安全的首要责任，联合国的维和部队就是直属安理会的。安理会有五个常任理事国，十个非常任理事国。五个常任理事国是联合国的五个创始国：中国、英国、法国、美国、俄国，所以又叫"五老大"（Big Five）。

经济与社会理事会的主要职能是处理并研究有关国际经济、文化、发展、社会、人口、人权等相关问题。这样看来，安理会和经社会加在一起就好像世界上的事情无所不管了。

托管理事会的职能是托管无自主独立政府的国家，也就是说殖民地。目前，世界上已经没有殖民地，托管理事会实际上已经是名存实亡了。

国际法院是联合国六大组成部分中唯一设在美国以外的机构，位于荷兰的海牙。它是联合国主要司法机关，其宗旨是："以和平方法且依正义及国际法之原则，调整或解决足以破坏和平之国际争端或情势。"

秘书处，也就是我曾任职的地方。秘书处是联合国组织日常工作的机构，它为联合国其他主要机关服务，并执行这些机关制定的方案与政策。秘书处的秘书长是联合国的行政首长。

阿拉伯语、中文、英语、法语、俄语、西班牙语在这六个机构里的使用情况各不相同。在联大和安理会，这六种语言既是官方语言也是工作语言；但在经社会，只有英语、法语和西班牙语是工作语言；在秘书处只有英语和法语是工作语言。

那么官方语言和工作语言又有什么区别呢？"官方语言"指的是在联合国会议中使用的语言以及联合国正式文件所使用的语言。跟这种语言相关的机构，需设六个官方语言的分支。比如在下面要谈到的秘书处里跟语言有关的部门——笔译和口译部、联合国网站、联合国电台、联合国语言部，都有六种语言的分支。"工作语言"指的是在日常行政工作中所使用的语言。在我所服务的秘书处，只有英语和法语是工作语言，所以秘书处的行文也只使用这两种语言。

国际组织里的官方语言常常代表一个国家在该组织中的地位。在过去的几十年里，有不少国家提出要求联合国把自己的语言列为官方语言。这些语言有：孟加拉语、印地语、葡萄牙语、印尼语、日语、德语。还有非洲国家提出：现有联合国官方语言里没有任何非洲的语言，应该把非洲地区较广泛使用的斯瓦西里语作为联合国官方语言之一。现在，新的动向是印度政府正在寻求更多国家支持印地语成为联合国第七大官方语言。

目前这些建议都未被联合国采纳。因为根据联合国的议事规则，增加官方语言是一项重大决定，在做重大决定时需要得到193个成员国中三分之二的国家支持。此外增加一种官方语言会让联合国增加巨大的开销。目前联合国每两年花在六个官方语言的费用近五亿美元，其中包括联合国四个办事处（地点分别在纽约、日内瓦、维也纳和内罗毕）的文件翻译、口译、逐字报告和印刷等方面的费用支出。

联合国对多语言的使用非常重视，联合国大会并就此通过很多决议，特别强调要消除英文与其他五种官方语言在使用上的不均等，还专门指派一位副秘书长分管这一政策的实施。2010年，联合国还组成了一个由多机构联合参与的巡视组（Joint Inspection Unit），专门调查各部门对多语言实施的情况，当时巡视组也来向我了解过相关情况。巡视结束后他们发布了一份"联合国各体系实施多语言使用的现状"的报告，指出不少不足之处，提出许多改进建议。

联合国中文翻译部门

联合国的运作以及与会员国之间的沟通交流，很大程度上依赖于翻译。在联合国，翻译分为笔译和口译，二者互不相交，也就是说笔译人员不可以做口译，口译人员也不可以做笔译。在此我分别介绍一下。

中文处

联合国文件同时以阿拉伯文、中文、英文、法文、俄文和西班牙文印发（有少数特定文件以德文印发，经费由德语国家提供）。这里的"同时"一词非常重要，因为若文件未提供所有工作语言的版本，相关的决议、提案或决定则可能推迟通过；而若没有提供预备资料、官方文件或报告的各官方语言的翻译，会议往往也会因之推迟举行。

联合国中文处的英文名称是Chinese Translation Service，如果按字面来译就应该是"中文翻译处"。这里的"翻译"指的是笔译，不包括口译。这是联合国总部里中国人最集中的地方，以至于别人听说我在联合国工作时，常常会问我是不是翻译。

我刚入职联合国的时候，中文处在23楼。有时因为工作关系去那儿找人谈事，还经常看到工作人员在集体做广播操，他们楼上还有个乒乓球桌，大伙儿有空就去打几轮。若只看里面不看外面，可能觉得是在国内的什么地方呢。

中文处隶属于联合国大会和会议管理部文件司，工作人员有90人左右，其中翻译就约占60人。

笔译员分为四个级别：P2、P3、P4和P5。P2是刚入职，没有长期翻译经验的助理笔译员，一般经过两年试用期，表现合格后升为P3。P3级的笔译员主要是翻译初稿。P4为审校员， 任务是审定P2和P3的译文或自译自审。P5就是资深审校了。他们的主要职责是审定或者翻译内容极为敏感、复杂或技术性很强的译文。中文处的升职选拔采用"竞争上岗"方式，从P3到P4，或从P4升到P5都需要参加笔试或面试。一般来说，P3译员在4到7年后可升为P4。

中文处要求笔译员和审校员有很强的英译中能力，并鼓励笔译员具备将二外翻译成中文的能力，此外他们还必须具备优秀的写作技巧和政治敏锐性，对国际事务有充分了解，还要能够掌握法律、经济、环境、科学技术领域的专业术语和词汇。

中文处的其他人员还包括编辑和术语专员，以及文字处理、词汇、编辑和参考资料助理人员。中文处的人员负责总部所有重要文件的中文翻译工作，尤其是联大和安理会的决议和其他重要文件。有些会议文件有相当紧的时效性，特别是安理会的决议，遇到这种情况，译员们就得加班加点。

除联合国纽约总部的中文处外，秘书处设在日内瓦、维也纳、曼谷、内罗毕等地办事处也设有中文翻译部门；但人数相对较少，而且他们的翻译人员大多只负责某些特定领域如人权、裁军、贸易发展、气候变化、国际法、化武、经社、环境等的文件。

到联合国当笔译员，是国内众多英语专业或翻译专业毕业生梦寐以求的理想，但竞争也是非常激烈的，其录取率往往不到百分之一。例如在2017年举行的中文语言类竞争考试中，经筛选后有2600多人参加初试，但最终只招录不到30人。这种考试每三到五年才举办一次，机会甚是难得。

申请程序和考试的内容一般如下：

考生在联合国人力资源平台上填写简历并提交申请，如果技能和履历符合要求，即有机会参加考试。

整个考试分为初试、复试和面试，语种包括英译汉、汉译英或第二外语译为汉语，题材则包括时事、法律、经济、科技等，对考生的知识结构和翻译速度都提出了很高的要求。

成功通过这三轮考试的考生将被列入联合国的花名册，一旦有职位空缺放出即有机会加入成为联合国一员，等待时间短则一两年，多则三五年。

口译处

联合国就是开会的地方，每天都有大量的会议，多的时候一天能有几十场会议。正式会议上，与会者以阿拉伯语、中文、英语、法语、俄语或西班牙语这六种正式语言的任何一种发言，口译员同声传译为其他五种语言。如果发言代表不使用联合国的官方语言发言也可以，但是联合国不负责翻译。这时，发言代表的国家就要自带译员将发言内容翻译成六种语言之一，然后联合国的同传再翻译成另五种语言。

口译员在俯瞰会议厅两侧的"包厢"里工作，他们的翻译即时传送到会场里每个座位上配置的专用耳机中。与会者可以更换频道，选听六种官方语言之一。

口译员有时会事先拿到一份发言稿，会议过程中可做"视译"；但也经常没有发言稿，他们只能边听边传。即使有发言稿，发言者也随时可能脱稿讲话。口译员在做同声传译时几乎是和发言人同时说话，所以口译是个非常紧张的工作。每位译员一次只能工作20到30分钟，随后由另一位译员替换，因此每个口译厢里有两位译员。英、法、西、俄每组两人，但是中文厢和阿拉

口译员在"包厢"工作

伯语厢每组却有3名译员。这是为什么呢？

　　联合国规定口译员（笔译也是如此）原则上只能单向将外语译成自己的母语，如果代表用英、法、西、俄四种语言中的任何一种发言，相应语种的译员可以暂停翻译。但是中文和阿拉伯语例外，这两个语言的译员需要做双向翻译，换言之，无论代表用什么语言发言，中、阿译员都得干活，工作量增加了，自然要增加人手。中、阿译员将他们的母语翻成英语或法语后，其他语种的译员再"接力"翻成他们自己的母语。当然，这种接力翻译，反向也适用，例如俄罗斯代表发言，英文厢同事将俄语翻成英语，中文译员再从英文翻成中文。有时接力环节更多，阿语→法语→英语→中文！

　　中翻英要比外翻中压力大，是因为在外翻中时如果出现些

许差误，只会影响到参会的中国代表团成员；但中国代表团成员
的英语都很好，他们往往直接听英语发言，所以即使中文翻译出
现差错，影响也不会太大；但是中文译员在中翻英的时候如果出
错，那么其他随之翻作其他语言的译员就都会误译了。

同传译员需要有丰富的实战经验才能胜任。除了英语要相当
流利外，他们还要掌握与所涉主题有关的知识和相关技术术语，
必须掌握有关世界事务和联合国活动的广博知识。如前所述，许
多代表不是用自己的母语发言，这就给口译员带来特殊的挑战，
他们必须能够听懂任何想象得到的口音，以及应付任何语速、任
何风格的发言。

目前联合国总部有26位中文同传译员，会议繁忙的时候还会
外聘一些译员帮忙。

联合国中文电台和联合国中国新闻

在联合国教科文组织的提议下，1946年2月13日，联合国电
台在纽约总部的工作室里向世界各国人民发出了第一个呼号。

联合国电台在纽约总部拥有60多名工作人员，使用八种语言
（除六种官方语言外还有葡萄牙语和斯瓦西里语）向世界报道联
合国的相关新闻；其中包括七名中文新闻制作人和制作助理。

每天电台的制作人都十分忙碌，需要制作至少三条新闻，包
括安理会、联大的决议和会议，以及联合国各机构的动态。他们
要写稿、采访、播音、剪辑，每周末和节假日也要轮班对重大及
突发事件进行报道。

中文电台每天都会制作近30分钟的普通话时事节目《今
日联合国》，向世界各地的中文听众传送来自联合国的声音。

《今日联合国》每天在中国、北美、澳大利亚和新西兰的华语广播电台上播出。其中中国国际广播电台和上海东方广播电台每天定时转播，中央人民广播电台和北京、天津、河南、四川、香港等地的电台会选播部分节目内容。用户也可以登录电台网站，在线收听或下载所有节目，甚至可以用手机等移动通讯设备订阅电台的节目。

联合国电台的制作人每周还会撰写一篇特稿，评述有关重大或备受关注的国际动态。在重大事件发生时，联合国电台中文制作人还将与中国国家广播电台等主要媒体进行直播连线，及时传递联合国动态。

联合国电台对于联合国以及国际社会十分重要，因为广播信号覆盖面广，收听所需设备简便，成本较低，且对受众的文化要求程度不高；尤其在一些发展中国家、地区能也起到较好的传播效果。而这些地区往往都是联合国高度关注的地区。

联合国中文电台台长李茂奇，2017年。

随着科技高速发展，智能手机、推特、脸书等社交媒体及新媒体层出不穷，广播面临很多竞争。但是联合国电台广播也正在适应这些平台。听众们不必再像过去那样需要收音设备才能接听，而是通过播客（podcast）和手机应用（app）就能收听，享受电台的精彩内容。

联合国电台近年来还在各大社交媒体上开设了公众号，获得成千上万的粉丝关注，在微博上，联合国电台现在拥有近80万的粉丝。

历经70年，联合国电台与时俱进，积极适应眼下的融媒体时代，将广播运营与其他平台整合在一起，改名为"联合国新闻"。联合国电台网站也经过改版，成为联合国新闻的视听网站，通过视频、音频台，播放图片故事、人物专访、专题报道等，成为多媒体元素、多板块的内容输送平台。

现在，联合国新闻的定位是"全球视角、常人故事"，用更丰富的手法、更贴近常人的视角、更平实的语言，讲述联合国的故事，让世界了解联合国动态。这可以说是联合国新闻部的一大创举。

联合国的中文社交媒体

联合国新闻部于2017年8月正式成立社交媒体团队，从与时俱进、求新求变、适应公众需求的角度来呈现联合国。

联合国的社交媒体与正式新闻及网站宣传的区别在于图文并茂，形式更简练、更灵活、更轻松、更生动有趣、时效性也更强，并且常常播发联合国高层人物的特写和幕后新闻等内容。

整个团队包括八种语言的工作人员，除了六种官方语言，还有葡萄牙语和斯瓦西里语。中文有五个主要平台：微博、微信、QQ、美拍和秒拍。

在所有语言里，中文的社交媒体的受众群体最多，影响力也是最大的。例如，秘书长在狗年春节的视频致辞，仅微博浏览量就达到1200万；平均每条信息的阅读量都在30万左右。

狗年之际，联合国的中文微信公众号发布了一条"联合国职员南腔北调'贺新年'"的帖子，我也和联合国的两位南京籍同事出镜，用南京话祝全国人民新年愉快。①

联合国的中文网站

联合国的官网域名是http://www.un.org，可以浏览联合国六个官方语言的任一版本。英文、法文和西班牙文版本是1995年联合国成立50周年时正式上线的。中文版于1998年11月13日正式上线，成为联合国网站继英文、法文、西班牙文、俄文、阿拉伯文后最新推出的官方语言网站。

中文版推出20年来，联合国中文网站已经成为广大中文用户了解、研究、参与联合国的第一门户。据统计，联合国中文网站主要读者中，以政府官员、工商界人士、新闻从业人员、教师学生为主，知识层次较高。这些读者渴望第一时间了解联合国的最新事务、掌握联合国会议文件的第一手资料，更关心中国在联合国的作用。联合国中文网站则为这一读者群提供更为周到的服务，从某种意义上体现了该网站高端、专业、精准的特色与不可复制性。

——————————

① https://xw.qq.com/cmsid/20180217A05WLY00

联合国的导游

    中文版与其他语言版的内容基本相同，但是它也有自己的特别内容。如国际纪念日是世界人民直接参与联合国活动最常见的方式，联合国中文网站每年制作几十个重要国际日的站点，并根据中文网友较为关心的话题，宣扬联合国在这些领域所做的成绩和贡献。在这些站点中，中文网站不仅介绍了国际日的背景和由来，更提供了世界各地的纪念活动安排和参与活动的方法，鼓励全民积极参与。

联合国参观导览项目

1952年，随着联合国秘书处大楼的落成，联合国总部成为纽约市最受欢迎的旅游景点之一。联合国纽约总部每年接待超过一百万游客，其中约一半人会参与联合国提供的导览参观项目。

在新闻部提供的多种语言导游服务中，中文导游往往供不应求。中文导游们用标准的普通话向广大华人游客介绍联合国的基本架构、历史使命和最新动态。可以说，参观联合国是许多华人游客对联合国的唯一亲身接触。

联合国的导览项目至今已经有65年的历史了。世界各地的人们几乎天天都能在新闻中见到联合国秘书处大楼和会场，也能上网虚拟游览联合国总部。然而，能亲自访问联合国是很多人的梦想。近年来，由于中国游客的大幅增多，对中文讲解的需求也随之上升。

联合国新闻部招募了多名中文讲解员。他们须经过严格的培训，通晓联合国及国际事务，并熟练掌握除中文以外的其他语言。联合国讲解导游的另一个名称也叫作公共信息专员或"联合国形象大使"，他们是联合国面向公众的一线工作人员。

作为导游，他们每天上班的第一件事情就是打开邮件，查看在过去的24个小时，国际上都发生了什么事情，以及联合国对这些国际时事做出的反应。每天工作开始前，由新闻部咨询员助理提供15分钟的新闻资讯，这样能够确保游客能获得联合国最新的动态信息，例如当日安全理事会会议的议题以及其他联合国工作的重点议题，此外还包括联合国安全理事会以及联合国大会最新通过的决议等，让游客们对联合国的工作有更加深入的了解。

联合国导游还定期参加提供给各部门特定领域专家出席的互

动机会的活动，比如意大利常驻联合国大使卡迪先生的讲座，日内瓦的国际原子能机构的讲座，广岛市原子弹爆炸博物馆信息讲座，安理会专题讲座，也门叙利亚问题讲座等。每次讲座都非常专业，讲座后导游们会将所学到的信息和讲解内容紧密结合，让讲解内容更加丰富完整，生动有趣。

另外，导游还要回答来自全世界各地的游客提出的各种问题，有的问题非常尖锐，比如说巴以问题，以及对于联合国颁布的各种条约决议的问题。还有一些人对联合国持否定态度，导游的另外一个任务就是用具体数字来证明联合国工作的有效性。

联合国并不是一个国际政府，而是一个国际组织，它的有效性完全取决于会员国的政治意愿。正如联合国第二任秘书长达格·哈马舍尔德指出的："联合国的建立不是为了把人类带入天堂，而是为了拯救人类免入地狱。"

除了导览项目以外，联合国新闻部外联司访客中心也提供团体讲座服务。讲座的主讲人往往是联合国中层以上官员，针对某一个话题深入浅出地讲解。参与讲座的人员可以是学生、公司职员，或者非政府组织。有一些讲座的话题比较敏感，比如说反恐、人权以及巴以问题，等等。

总的来说，新闻部外联司是联合国和公众之间的一架桥梁，它让公众更加了解这个为致力于人类持久和平而奋斗的国际组织。

联合国中国书会和其他中国文化俱乐部

联合国的中国书会和其他中国文化俱乐部不是联合国的官方机构，而是隶属于联合国员工娱乐理事会的"群众"组织。

目前总部里的各类文化俱乐部有70个，有的是按国家或地区组织的，如非洲俱乐部、阿拉伯俱乐部、法语组织文化协会、俄罗斯书会、西班牙书会、韩国文化俱乐部等；中国书会也属此类。

有的俱乐部是按活动内容组织的，如芭蕾舞俱乐部、自行车俱乐部、篮球俱乐部、足球俱乐部、游泳俱乐部、网球俱乐部、戏剧俱乐部、瑜伽俱乐部、桥牌俱乐部、电影俱乐部、音乐欣赏俱乐部、摄影俱乐部、园艺俱乐部，跟中国文化有关的此类组织有太极俱乐部、气功俱乐部和乒乓球俱乐部。这些俱乐部为员工在工作之余提供了一些社交、放松身心的机会。工作人员可根据自己的兴趣参加某个或若干个俱乐部。

这里需要特别介绍一下联合国的中国书会①。

中国书会是联合国内最大的华裔工作人员联谊中心。在国外中文资料匮缺的时代，联合国里的中国同事们出资出力购置了大量中文图书和杂志，给联合国大厦带来清新的中华文化气息。随着时代的发展，书会又开展了录像资料借阅业务。会员们每周在这里踊跃借阅各种图书杂志和录影资料，使书会成了华裔工作人员沐浴中华文化、获取中国信息的窗口。

联合国中国书会还为会员举办过大量活动，包括联欢、讲座和其他文娱活动。中国书会也是一个弘扬中华文化的国际平台，十多年来，书会在联合国大厦举办过几十次展览，内容包括绘画、书法、摄影和艺术展览和音乐会。中国多家文化团体和许多著名作家、画家、书法家和艺术家，都曾通过这个平台来联合国传播中华文化。

我们中文组与中国书会是长期的合作伙伴。我们的很多活动

---

① http://uncbc.org/

都需要书会的支持，而书会的很多活动，特别是书会举办的国内艺术团体和个人展览、讲座等活动，都希望更多非华裔的人士参加。我们的服务对象是联合国学习中文的工作人员和外交人员，他们都对中国文化有兴趣，所以是非常合适的受众群体。

在后面"联合国里的中文活动"这章，我还会谈到我们与书会的合作。

联合国的乒乓球俱乐部也是一个很有特色的运动组织。俱乐部有场地、有球桌，可供会员使用。虽然乒乓球是中国的国球，但俱乐部的会员里也不乏其他国家的工作人员，而且球技并不差呢。

乒乓球俱乐部近一两年举办了几场颇有影响的交流活动，如2017年9月15日，包括女乒大满贯得主丁宁和"乒乓外交"见证者、世界冠军梁戈亮在内的中国乒乓冠军队来到联合国，以一场精彩的表演赛纪念"乒乓外交"佳话。2017年年底，乒乓球俱乐部又邀请了"乒乓女神"邓亚萍来联合国与球迷和其他工作人员见面并交流球技。

在联合国里跟我关系最紧密，也是我最熟悉的部门就是中文组了，我需要更多的篇幅来叙述，就让我另起一章吧。

联合国的中文教学

我们的学员来上课，
老师都要做考勤，
黎大使的出席率相当好。
在班上我们把他当作普通的学员，
他与同学相处得也很好，
全无官架子。

联合国中文组

我负责的部门叫中文组，是根据英文Chinese Language
Programme逐字翻译过来的。"Programme"这个词很难翻，美国
有的高校的Chinese Language Programme也翻译成"中文部"。

西方各级机构的名称不是很强调级别，不像国内要分清部、
厅、局、处等，如某文化部、文化厅、文化局。比较常见的英
文词是"Department"，从联邦到地方各级政府都一样用，如
联邦政府、州政府和市政府负责教育的机构都叫Department of
Education。

中文组和另外五个语言组同属Language and Communications
Programme——你看，我们的上级组织也叫"Programme"。

机构名称里的"Language"指的是外语，即来学习的人员
都不是所学语言的本族人，"Communications"指的是提高本
族人语言能力的课程。我们常把Language and Communications
Programme简称为"语言部"，若说全称，大概就是"语言与交
际部"了。

语言与交际部直属"员工进修部"（Learning Section），如
果按字面翻译就是"学习部"。进修部的职能是为工作人员提供
各种职业培训课程，而语言部负责工作人员语言培训，所以隶属
于进修部便顺理成章了。进修部隶属于联合国人力资源部（有时
也翻译成人力资源厅），工作人员的培训也是人力资源部的职责
范围。

联合国一贯重视员工的语言培训，同时也提供各种条件和机
会鼓励员工学习联合国的官方语言。自20世纪70年代起，联合国
纽约总部就通过语言部开设语言课程，供员工和各国驻联合国代

表团的外交人员免费选修六种官方语言。

　　联合国语言部的编制结构和教学时间类似于高校的外语系：每年分三个学期，每个学期为13个星期。秋季学期为9月到12月，冬节学期1月到3月，春季学期4月到7月。每年寒暑假加在一起三个月左右。所谓寒暑假指的是在这段时间我们不开课，但工作人员还是要上班的。

　　就注册学生的人数而言，英、法、西语是大语组，中、阿、俄语是小语组。英、法、西语组中，法语的学员最多，大概因为法语是联合国的工作语言吧。而在中、阿、俄三种语言里，选修中文的学生人数略低于阿拉伯语，稍高于俄语。目前每学期选修中文课程的学员有200人次左右。"人次"的意思是如果一个学

和中文组的老师们

生选修两门课，他就算做两个人了。

中文组开设的课程有两类：普通课即必修课和选修课。 必修课是综合课， 共有9个级别， 每个学期为一级。普通课每周课时三小时， 分三天或两天进行， 如果分三天的话每次就是一个小时， 如果分两天的话， 每次就是一个半小时。普通课共有9级， 上完9级需要3年的时间。即使学完9级， 也才基本达到中级水平。要想提高到能运用中文的水平， 还需持续不断地上课。选修课有阅读课、口语课、多媒体学中文课、汉字课等， 每周的课时为一至二小时。

语言部上课的时间为早晨（上班前）、中午和晚上（下班后）。我们对中午的定义是12点到3点， 也就是工作人员的午餐时间。目前中文组没有早晨的课， 我们大部分的课都是在中午。联合国人事部门规定：工作人员如果利用午餐时间来上课， 主管需要给他/她20分钟的用餐时间， 也就是说他/她可以离开办公室1小时20分钟。所以工作人员来学语言是需要有决心的， 一是要牺牲午饭时间， 二是要做长期打算。

联合国除纽约总部有中文项目外， 在日内瓦、维也纳、曼谷、内罗毕和智利的秘书处办事处或地区委员会也有中文课。我进联合国的时候， 我们跟美国以外的联合国中文项目没有任何联系， 大家"各自为政"。日内瓦的语言部是纽约总部之外最大的， 有一位专职老师， 其他驻地都只有兼职老师。

在2008年以前， 不仅总部和美国以外驻地的语言项目是各自为政， 总部内六个语言组在课程大纲方面也是各行其是。

所有语言的普通课都以数字为名， 如第1级、第2级、第3级、等等。但是我们并不知道西班牙语的第5级与法语的第5级是否水平相等， 我们也不知道达到语言某一级的学员究竟是什么水平。

联合国把2008年设为国际语言年。那一年纽约总部的语言部做了一个决定，我们要采纳欧洲语言共同参考标准框架，不仅试图实行各驻地的语言项目统一，更重要的是总部的六个语言项目要统一标准。

所谓统一，是指各语言组要用统一的标准界定各自的课程并制定大纲和选择合适的教材。"欧洲语言共同参考标准框架"是欧洲理事会于2001年通过的一套建议标准，是对几十年来欧洲语言教学理论与实践的系统总结。它成了关于语言学习、教学及评估的整体指导方针和行动纲领，为全球第二语言或外语教学提供了很好的借鉴作用。此框架虽冠以欧洲的名字，其实已被世界相当多的语言系统所接受。有的语言系统即使没接受，也会把自己的语言标准与其挂靠，比如中国的HSK就是这样。

联合国有自己的语言水平考试。以前是每年两次，从2009年开始改为每年一次，联合国驻全球各部统一于同一日进行。符合规定的学员在通过考试后可得到语言津贴补助。联合国系统内的工作人员和外交官在完成所有必修课或得到所在语言组的负责人许可后均可报考。

联合国各语种的水平考试由纽约总部出题，各分部在考试结束后将考卷寄到纽约，由总部的语言教师评分。联合国的中文水平考试则是由我负责的。

在联合国修语言课的学员均非脱产学习，他们多是利用午餐时间来上课。他们工作都很繁忙，尤其在联大召开期间（每年九月中旬到十二月中旬）。由于学习中文对母语为印欧语言背景的学员来讲比较难，他们需要强大的动力和特别的吸引以保持兴趣和信心。为此我们除了在课堂上采取比较活泼的教学法外，还努力创造课堂外的机会让学员们接触中文，感受中国文化。我们组织了多种活动，包括中国新年晚会、专题讲座、观看中国电影、参观与纽约地区中国文化有关的景点等。

学中文的大使

　　来跟我们学习中文的，大多是联合国的普通工作人员和外交人员，因为高层管理人员没有时间来上语言课，不过偶尔也有大人物想要学中文。比如有一年，韩国驻联合国代表团团长、朴仁国大使（Park In-Kook）来找我说他要学中文。但是他工作繁忙，又担任联大第二委员会（经济与金融委员会）的主席，没有办法按我们的课程时间来上课，问我有没有变通的办法。

　　我觉得像他这样的重要人士来学中文会起到一个很好的宣传作用，于是就安排了我们的一位中国实习生谭婧，去他的办公室一对一地教他。

　　谭婧是纽约大学对外汉语专业的硕士生，北京大学中文系本科毕业。上课后朴大使告诉我谭婧教得很好，他也很喜欢她。朴大使2011年任满回国后担任韩国高等教育财团总长，他的财团跟中国的高校联系紧密，他本人也每年应邀到中国讲演和交流。

　　朴仁国总长离开纽约后我们一直有邮件来往，他对我说，他的财团的任务就是要想办法花钱，每年都要花2千万美元，其中相当部分是用在与中国高校的交流上了。我想他在纽约期间跟我们学习中文，对他的工作定有很大的帮助吧。

　　继朴仁国大使之后，越南驻联合国代表团团长黎怀忠大使也来报名上中文课。他来联合国前是越南外交部副部长，也算是一位重要人物。我原来以为他跟朴大使一样不能按时来上课而需要安排专人去教，可是他说不用，他将和其他学生一样来教室上课。

我们的学员来上课，老师都要做考勤，黎大使的出席率相当好。在班上我们把他当作普通的学员，他与同学相处得也很好，全无官架子。

有一次联合国的中文电台采访黎怀忠大使，他说，他学习中文的原因不仅在于中国是一个拥有悠久历史和杰出文明的伟大国家，更重要的原因是，随着中国的进一步崛起，学习中文将有助于加深对中国的了解，从而促进中、越两国之间的相互理解。

他还说："我认为，多学一门外语将有助于更多地了解世界、了解自身。因为上中文课，我少吃了很多顿午餐。作为一名外交官，要出席很多午餐会，而且我几乎每天晚上都要参加各种各样的招待会。因为，大家可以想象，（除越南外的）192个国家都有国庆节，这就意味着192个招待会，而且每当某国的外长或副外长到来，或者为了推广某件事，当事国的常驻团就可能组织一些活动。由于公务，我不得不缺了些课；因为对于外交官来说，缺席活动可能有违外交礼仪，甚至被赋予政治意味。然而，每当我出席午餐会，我总是在想，事后怎么把落下的课补上。最后，我可以告诉大家一个好消息，我已经通过了中文5级班的考试。"

新的语言中心

我入职联合国的时候，语言部没有很像样的教室，部分教室在秘书大楼地下一层、部分在总部大院外面的联合国二号楼。那时中文课都在二号楼里的二层，跟我们同层的还有联合

在联合国语言中心

国的幼儿园。

因为教室少，课排不过来，每学期排课时语言组之间还得磋商如何公平地使用为数不多的教室，真是一件非常令人头疼的事。

联合国总部的大楼起建于1949年，竣工于1952年，到2008年近60年间没有实行过大修，很多地方已经不符合现代的安全和健康要求了。记得当时看到一份报道说，因为联合国总部大楼的不少地方不符合纽约市的消防要求，纽约市教育局给各校发通知，不得组织学生来联合国参观。

在这种情况下，联合国通过决议并拨款于2008年开始为期六年的大修计划。为实施这一大修计划，大楼里的数千名工作人员都需要搬离。为安置这些工作人员的办公地点，联合国在周边租用了好几栋楼。由于我们一大半的教室位于秘书大楼，随着大楼的搬空，我们也失去了教学的场地。联合国给我们租用的楼在距总部步行20分钟的麦迪逊大道，很多工作人员觉得上课不方便就退课了。那几年我们的教学受到很大的影响。

2013年大楼装修完成后，我们仍没能搬回大楼，因为大楼重新设计时没有包括语言教学的场地，所以又把我们安置在总部大院一栋临时楼房里。随着那栋楼房被拆，我们又进入了一段打游击的时间。唯一令我们感到安慰的是，上面告诉我们：会在地下三层修建一个专给我们的语言中心。

此语言中心终于在2016年的5月竣工交付使用。中心虽然在地下三层，但却是"柳暗花明又一村"。7000平方米面积的中心里，环境、教室和设备都是全新的，用"鸟枪换炮"来比喻一点儿也不为过。语言中心的正式名称是"联合国多语言和职业发展学习中心"（United Nations Learning Centre for Multilingualism and Career Development）。这是联合国总部有史以来首次6个语言组的教室在一起，所有语言的老师在一起教课和办公。

我们管理部的首长、联合国副秘书长高须幸雄（Yukio Takasu）出席了启用典礼。联合国中文电台台长也来现场采访我，我说的话仍保留在联合国电台的网站上[①]：

"在联合国学习中文的人越来越多。我是2002年进入联合国的，当时我们的学员差不多有70名。现在每个学期都有200名学员。现在有时一个班级都容纳不下报名的学生。新的中心落成后，无疑将为联合国的中文语言学习创造一个更加适宜的环境。"

新语言中心的中央有个很别致的天井，但里面空空如也，联合国在做修建计划时没有专门拨款让天井里增添具体内容。我们的司长基索布（Victor Kisob）跟我私下谈过，希望中国能赠送一个中国花园，安置在此天井里。

我和我的中国同事们觉得如果能在语言中心安置一个中国花园是件大好事，这花园可以成为联合国总部里一个永久性的中国元素。学习联合国六个官方语言的工作人员和外交人员在学习之余，在中国花园里闲庭信步，无形中可以提高中文的地位。如果中国某方面出资修建这样一座花园的话，便算赠给联合国的礼物了，而联合国对于接受馈赠有不少严格的规定，一般只能接受政府的捐赠，所以此事需跟中国驻联合国代表团联系。但后来因为种种原因，我和我同事们的努力无果，这也是我退休时的一件憾事。

---

① https://news.un.org/zh/audio/2016/06/308232

与高校合作

我刚进入联合国时，上方不鼓励我们与本国高校或其他相关机构合作，主要是担心违反联合国相关规定。但几年后尤其自2005年潘基文担任秘书长后，开始鼓励我们与各地高校进行适当的交流和合作。潘基文自己也提议在新闻部设立了一个"联合国学术影响"机构（UN Academic Impact），联络世界各地的高校，联手推进联合国的目标。

在此情况下，我便和北京语言文化大学（北语）携手开创了一个中文教师交换的新项目。其实用"交换"这词语并不是很恰当，因为此项目是单向的，即北语每年派一名老师义务来联合国任教。联合国不付给这位老师任何薪酬，她在美国的生活费和工资均由中国国家汉语办公室的孔子学院计划负担。

凡事开头难——北语方面欣然同意，但联合国接受这一安排却障碍重重。联合国也是个庞大的官僚机构，如果想做一件没有前例的事是非常困难的。

联合国人事部门起初无法定位这位老师的人事关系，一度还说这位老师需付给联合国很大一笔费用，理由是她到来后会使用联合国的相当资源。我马上发话过去说这不可能，人家来帮助工作，不付报酬也就罢了，怎么还反让她付给我们费用？

后来我和语言部负责人一个个办公室地跑，终于找到一个可以在人事系统里安置这位老师的地方。北语派来的第一位老师任丽丽在2010年9月到任，其后又来了窦玉荣、李婷、岳岩和杜阳老师，都是女老师。几位老师的到来为我们带来了新活力。她们都是科班出身，专修对外汉语教学，年轻有为，弥补了我们组没有全职老师的欠缺。其他五个语言组对我们非常羡慕，时常感慨说，很难想象他们的语言所在国会给予这样的支持。

中文组有个亮点项目，在联合国内几乎无人不知——"联合国赴华汉语培训"项目，也正因为这个项目，我于2014年获得潘基文秘书长颁发的"联合国21世纪奖"。

这个项目已经实施了15年，里面有不少故事，容我在下章细细道来吧。

此外南京有很多得天独厚的优势，

它是江苏省的首府城市，

经济发达，交通便利，

城市整洁干净，

这里的人们思想开明，

也欢迎对外交流。

从2004年起，每年夏天我都会带五六十名联合国的工作人员和外交人员到南京大学去进行为期三周的中文学习。这三周里除了密集的语言课程以外，还穿插安排了一些城市参观、文化体验和人文走访活动。到今年这个项目已经走过了15个春秋。

赴华缘起

对于母语为印欧语系的人来说，中文是一门比较困难的语言。隶属于美国国务院的外交学院（Foreign Service Institute）是专门训练美国驻外外交人员的机构。他们针对以英语为母语的外交人员，把世界上70门主要语言按难易程度分为5类，并且列出了学习每类语言所需要的时间。

熟练掌握第一类语言只需24~32周（575~600小时），这类语言包括法语、意大利语和西班牙语等。第二类语言有德语，达到熟练程度需要30周、750小时。第三类语言包括印度尼西亚语、马拉西亚语和斯瓦西里语，熟练掌握需要36个星期、900个小时。第四类语言有孟加拉语、捷克语、希腊语等，需要44周、1100个小时。第5类是最难的，掌握起来需要88周、2200个小时。东亚的三个语言都属此类：中文、日文和韩文。外交学院对第5类语言还有一个特别的说明，就是第二年必须在语言所在国学习。在母语的环境里，语言能力可以得到很大的提高。

对于联合国的工作人员而言，脱产一年到中国学习中文是不现实的，他们不仅每天要面对大量繁忙的工作，并且由于部门不同，工作内容不一样，每个学员的工作节奏和时间安排也很难凑到一起。但是有无可能短期到中国进行强化学习呢？这样的想法算是在我心里埋下了。

　　凑巧的是，2003年，时任中国国家汉办主任的严美华女士公务出差到纽约，我跟她见了一面，试着提出组织联合国工作人员赴华学习中文的想法，并希望得到汉办的支持。

　　当时正值中文在美国兴起的时候，我的这个想法得到了严主任热情的响应。她也很重视这样跟联合国合作的契机，希望这些去过中国学习的联合国工作人员回来之后会成为促进中文学习热潮的使者，当然也希望他们用自己的亲身体验来更加客观全面地介绍中国。

　　严主任回北京后不久就批复由国家汉办资助联合国的这个赴华培训项目。接下来就要物色由国内哪所大学承办此项目。我的首选自然是家乡南京。

花落家乡

　　说到这里我还是有点儿私心的，出国求学外加工作多年，回家的次数屈指可数，当初设想要是能够借助这个机会每年回家一次，看看父母，也可以成全自己的一份心愿。

　　另外作为一个地地道道的南京人，那里是我最熟悉的地方了，我熟知那里路旁种满梧桐的街道，还有小区里热情厚道的南京老百姓。一幅幅动静结合的画面浮现在我的脑海，再联想到联合国的学员来到南京，喜欢上南京，想象着他们会跟这个城市发生的关联，这让我终于找到一个机会跟别人好好讲述南京，把心里对家乡的热爱变成对中文教学事业的动力。

　　此外南京有很多得天独厚的优势，它是江苏省的首府城市，经济发达，交通便利，城市整洁干净，这里的人们思想开明，也欢迎对外交流；它的教育资源丰富，又有深厚的历史文化背景，

联合国赴华人员在北京国家汉语办公室，2015年。

甚至城市及周边地区有很多具有代表性的建筑和旅游景点，其周边城市发达很好地与南京形成了集群效应，这些都是在选定这个项目驻点城市的时候需要考虑到的。

南京是我的首选，那么南京大学自然也就是我在南京的首选学校了。南京大学是国内的名牌大学，而南京大学也是国内开展对外汉语教学历史最久的大学之一。于是我就跟国家汉办提出把我们的培训项目设在南大，国家汉办也很爽快地批准了。

赴华项目这么多年来能够在南京大学落地并且得到长足的发展还跟一个重要人物脱不了关系，他就是时任南京大学海外教育学院的院长程爱民教授。我跟他都是75级的工农兵学员，因为是同学关系，我总是称他爱民。

当时江苏有四所师范学院：南京师院（现南京师范大学）、

联合国赴华人员在南京大学

扬州师院（现扬州大学）、江苏师院（现苏州大学）和徐州师院（现江苏师范大学）。爱民在南京师院的外语系英语专业，我在徐州师院外语系读英语专业。毕业以后我留校，他分配到淮阴师专任教。我在徐州师院的一些同学也分到淮阴师专，成为爱民的同事，并经常跟我提到他。爱民工作几年后考入上海外国语大学并获得了博士学位，随后又到哈佛大学进修访学。他在海内外丰富的学习生活经历赋予他宽阔的视野和灵活的思路。

爱民和他领导的海外教育学院承接了我们的项目后，一直在师资安排、活动安排以及学院内软硬设施配给方面给予我们莫大的支持；而且学院行政办公室的工作人员也对我们关照有加，包括招募一些当地的志愿者，这些措施都为学员在当地的学习生活

联合国赴华人员在南京参加"'一带一路'战略与江苏发展国际研讨会"

提供了很多便利。翻开我们每年赴华项目的相册都能看到他的身影。近年来，我们基本上是每隔一年都要去北京参加在国家汉办举行的开幕式，而爱民每次也会亲自到北京陪同参与。他还利用自己在江苏省的资源，促成了江苏国际交流中心与联合国赴华项目学员之间顺利举行一年一度的"'一带一路'战略与江苏发展国际研讨会"的顺利举行。

中国的"一带一路"发展战略在精神上与联合国的可持续发展目标高度契合。通过双方的交流，增加了学员与中国高校和民众相互之间的了解，让联合国的工作人员与外交官感受到中国的变化以及作为一个外交大国的责任和职责所在。

话说回来，既然说到了南京大学，就让我想到了联合国与南京大学的渊源还远不止于此。

作为一所办学历史悠久的百年学府，南京大学曾有三位校友成为联合国秘书长，他们是：1979年至1985年在任的毕季龙，

联合国赴华人员在南京大学，2016年。

1985年至1991年在任的谢启美，2007年至2012年在任的沙祖康。
2010年时任联合国秘书长的潘基文先生访问南京大学，接受南京
大学荣誉博士学位并发表演讲。南京大学也是联合国"学术影响
力"项目的重要合作伙伴，近些年来随着南京大学国际化合作办
学的进程，南京大学与联合国的合作从原有的中文培训，拓展到
公共卫生、人口项目等更为广阔的领域。

文化瑰宝

　　自我们的赴华项目实施以来，我带领受训的团员们在国内参
观走访过很多省市及地区，远至黑龙江、成都、云南、湖南、湖
北、福建等地，在中国众多人文景观前留下精彩的瞬间。胡幽丽
女士还作诗描述了我们的"历程"：
　　"北上黑龙江，访探林海雪原三江口，看高粱红里豪情老；
西至西安，漫步泾渭关中长安道，天府暮雨江边笑；南进厦门碧
海蓝天钢琴岛，望花团锦簇两峡娇。"
　　令我印象比较深刻的是2012年，我们受黑龙江省教育厅邀
请，访问中国这个最东边的省份。结合我们的到访，黑龙江教育
厅特别举办了一场 "神韵龙江"书法作品艺术交流展。展品中还
有一幅潘基文书写的"和平"作品。这次活动现场蔚为壮观，联
合国赴华项目的团员们也将自己书写的47幅作品送展，跟当地的
艺术家们进行交流。此外，在这次行程中团员们还与黑龙江龙国
际班的学生们展开了互动。这些中学生中有不少志在有朝一日就
职于国际组织的。团员们向他们介绍了联合国的概况及实习、求
职以及其他参与联合国活动的途径。黑龙江之行可谓意义久远，
它的成功极大地鼓励了学员们学习书法的热情，也使得至今近

潘基文书法作品"曲则全"

十年中，几乎每一年的项目中都包含有跟书法有关的文化艺术交流。可以说黑龙江活动的圆满举办开启了书法文化交流在赴华项目中"常规化"的先河。

此外书法艺术带领着团员走遍大江南北，在许多省市留下了足迹。2014年在武汉举办的"高山流水——联合国官员书画作品'走进湖北'交流艺术展"，在联合国学习中文和书法的工作人员和湖北书法家展出了自己的书法作品。其中最引人注目的是潘基文先生的作品"曲则全"，这是这幅作品第二次在中国"露脸"。

"曲则全"取自老子的《道德经》，传达的是时刻提醒自身谦和包容从而与周围环境包括自然万物和谐共处、融洽共生的最高理想。潘基文先生对中国文化的热爱不仅限于学习语言和汉字，更是对中国传统文化中的精神追求有高度认可。

　　此次交流活动也得到了湖北省领导的重视和支持，不仅亲自到场参观展览，并且现场观摩了书法"擂台赛"。此外，主办方还邀请了"汉绣""湖北雕花剪纸""阳新布贴"等代表了湖北历史文化的国家级非物质文化遗产项目及传人参展并作现场交流。

　　联合国工作人员与中国书法结下的缘分远不止于此，2013年，也就是联合国赴华项目成立十周年，北京的北兰亭艺术中心和《人民画报》社邀请我们的学员、在京的外国留学生和中国书法家近两百人，在庄严宏大的北京太庙大殿内同书《联合国宪章》百米长卷。

　　这个活动选定在太庙举办有特殊的含义，太庙是中国历代皇帝祭祀祖先的最高殿堂。它寄托着中华子孙慎终追远、感恩先祖和祈福天下太平、四海和谐的心愿。而《联合国宪章》是世界各

百名联合国工作人员和中国艺术家
在北京太庙共同用毛笔书写《联合国宪章》

国人民共同制定的大法，它传递着千百年来人类对和平、自由、繁荣等美好生活的呼唤。汉字书法是中华民族最具代表性的文化符号之一。联合国工作人员和中国书法家相聚古老的中国太庙用中国书法表现《联合国宪章》，使得书法这种古老艺术在世界舞台上重新绽放出光彩，并赋予了它更多的现实意义。活动以独特的形式将书法艺术与联合国的宗旨和工作理念完美地结合在了一起，也将我们十周年的庆祝活动推向了高潮。

　　当天的场景蔚为壮观，我现在闭上眼睛，眼前还能浮现起当时在太庙前广场上的场景，手持百米长卷的人排成一个巨大的半弧形，每个人看着手里书写的那部分《联合国宪章》都十分激动。当天有不少学员跟我说，联合国宪章是每个在联合国工作的人都熟知的内容，就像最高指导思想一样的存在，然而在书写下来的那一刻，还是感到无比的神圣和自豪。还有的学生表示自己一定要坚持练习书法，直到能把《宪章》全文都写下来，才是最有意义的事情。

这些年来我带领团员到过很多地方进行人文走访，每到一个地方都能被当地瑰丽的地方特色艺术、历史遗址以及各类人文特色景观所吸引。这其中也不乏国家级保护文物或者物质文化遗产。

2015年夏天，我带赴华项目的团员在北京参观了位于和平西门琉璃厂的荣宝斋，跟团员们一起观摩了国家级非物质文化遗产"木版水印"创作过程，并参观了荣宝斋文房四宝的展览。

"木板水印"是首批国家非物质文化遗产项目，我们参观的时候，荣宝斋的技师详细地介绍了木版水印勾描、刻板、印刷、装裱的全过程。学员们饶有兴趣地在每个展台前驻足观看，有的在技师示范过一遍之后表示，自己愿意亲自尝试做一个简单的木版水印画。

我印象比较深刻的还有学员在参观完的交流会上问了这样一个问题，"木板水印"的技术可以复刻艺术作品，如果放在现代社会就会遇到一个复刻作品会不会侵犯作品版权的问题，以及怎么样合理合法地运用这项技术以防止盗版作品泛滥的问题。

荣宝斋的总经理马五一回答了这些问题："木板水印"自身技艺的展示和保存价值远远大于复刻出来的作品，同时通过这项独有的技术再创作出来的作品与原版艺术作品并不完全一致；并且这项古老技艺的复杂工序和对技能的高要求也限制了它进入商业模式并且大规模生产的可能性。

在我看来，这是一个非常典型的例子。我们在对外展示艺术或者技法的同时，也要思考它们在现代社会可能会面临着一些与现代技术的冲突或者其他形式的传播方面的困境。束之高阁的古老艺术终究只能供人瞻仰，但是倘若可以走到人们的日常生活中，便能增加它的价值，变成真正"活的"艺术，从而被人们需要和认可。

在这之后，我们还参观了荣宝斋的书法馆，一谈到书法，联合国学习过中文的学员都不陌生，但是看着这陈列了整整一栋楼的文房四宝，各个时代的笔墨丹青，他们还是惊讶地合不拢嘴。当时荣宝斋那里还在举办一个篆刻展，带有篆刻的印章也是文房用品之一，但是学员们之前写书法，却没想到中国古人书桌上面摆放的每一件器物都有着这么多的讲究。对他们来说，这里笔、墨、纸、砚、镇尺、印章等中国传统书房用具一应俱全，使人大开眼界。

除此以外，在后面的环节中荣宝斋艺术团还献上了宣纸水墨服装秀，T台上的模特身着水墨艺术作品设计而成的服装，一方面展示了妙笔丹青中大山大河，花鸟水月的静态美，也领略了宣纸、书画与服装表演结合的动态美。这是学员们第一次见到扇子放在头上做帽子，山水画穿在身上当裙子，这些新奇的点子和不拘一格的展示形式让大家拍手叫好。

博物馆是每个地方历史文化的浓缩，以史为鉴可知兴替，南京又是一个博物馆资源丰富的城市。自2004年以来，我们每年夏天的市内游览都会包含南京博物院这一站；并且在2017年夏天的时候，应秦淮区政府的邀请我们也参观了南京中国科举博物馆，这个博物馆的设计非常独具匠心，参观这个展览要从地下四层开始，然后逐级向上。

四级是因为中国古代的科举制度中有几个等级的考试，从下往上的分层浏览也寓意着"步步高升"。学员们表现出了比一般泛泛地介绍文化历史的博物馆更浓厚的兴趣，用他们自己的话说就是通过这一点能看到古代的社会和现代的社会，发现科考制度的设立可不仅仅是考试那么简单，这种从一斑而窥全豹的设计也启发了学员们更深刻的思考。

不负初心

十五年过去，回过头来看当初发起中文暑期赴华项目的"初心"，可以说这个项目不辱使命地在联合国内掀起一股中文学习热，注册中文课程的学生人数在逐年增加，很多学员把通过语言水平测试获得申请赴华项目的资格当作学习的一大动力。

2008年夏天，联合国主管经济社会事务的副秘书长沙祖康，在当年中文暑期培训班的学员赴华前，特意会见了他们，鼓励学员们努力学习中文，成为中外交流的桥梁。沙祖康还说到中国和其他国家之间迫切需要交流以了解彼此，不掌握语言，就难以了解文化，特别是中国文化。他鼓励学员们在中国学习语言、品尝美食、旅游参观之余还要善于发现、勤于交流。中国需要这样的人作为特使把中国介绍给世界，同时也将世界介绍给中国。

现在每年一度的赴华项目不仅成为联合国中文组的一块招牌，更是联合国语言学习的一个品牌。去过中国的学生回来后都会跟授课老师、同学及同事反馈收获极多。除了精彩的课程和语言能力上的精进之外，他们还在学习之余去了很多地方，到南京和周边的城市，用到了课上习得的知识，看到了课本以外的更多生活场景，打破了信息的隔阂，从而更充分地了解认识了这个国家。这样，赴华项目在同事之间就口耳相传，很快就成为了大家都熟知的品牌活动。

2011年10月27日，联合国内网iSeek的首页上登出了一篇关于联合国赴华项目的报道，介绍截至当年已有近400人来中国并且参加暑期汉语集中学习的项目。其中多处介绍了南京大学以及中国政府对项目的大力支持，以及学生们都觉得不虚此行，把来到中国参加的项目作为重新认识中国的一个开端。很多学生回国后给我写邮件发微信说，这是他们度过的最有意义的假期。

也正是因为联合国工作人员在此受益并且产生了良好的反响，2014年我被授予"联合国21世纪奖"并且由潘基文秘书长亲自颁发奖章。这个奖项的设立是为了表彰联合国内对工作岗位有突出贡献的人。

我还记得颁奖当天主持人在会场说过的一句话：创造性地发起这个项目，使得众多的工作人员到中国不仅提高了语言技能，丰富了知识，并且拓宽了眼界，从平凡的日常工作中践行了联合国广博共荣的精神追求。我想这是对我每一年夏天牺牲自己的年假时间组织项目的认可和嘉奖，对于我个人来说更是一种鼓励。

这个项目时至今日已经是学员们每年夏天翘首期盼的大事了。其参加人数因此也在逐年上升，2017年的夏天一共有78名团员随行至中国学习和交流。

带这样庞大的队伍到中国，其中很多人只是初学者或者第一次来到中国或者南京，其间的工作量可想而知。项目之所以能够高效完成，还要归功于在背后默默无闻工作的中文组的实习生们和来自南京当地的志愿者们。

比方说2017年7月份，我的一位前实习生刘春吾跟我一同在南京协助完成项目的一些日常管理工作，这实际上是她第二次到南京加入暑期项目了。有了她的帮助，也让我得以从繁忙的事务中松一口气。此外还要感谢南京大学招募的志愿者以及到各处走访时负责接待的当地工作人员，是他们在各自岗位上一点一滴扎实的工作支撑了每一次活动。他们的热情和付出给主办方和联合国的工作人员们都留下了深刻的印象和美好的回忆。

　　此外，赴华项目运行了多年以后慢慢留下了一个传统，来自世界各地的工作人员和外交官在项目结束返回各自的工作岗位后，会自发地举办一些"团聚"的活动，这样也渐渐地帮助团员们认识了更多的同事跟朋友。我之前提到的实习生刘春吾就是个好例子，她从2015开始协助我负责赴华项目的一些事宜，2017年8月份在联合国正式入职以后，发现身边的同事许多都是当年赴华项目里的老朋友。

两次获联合国21世纪奖

获奖后我很快忘却此事，

结果事经多年后

竟找不到当时的奖状了，

好在奖章还在。

十年后的2014年，

我再度获"联合国21世纪奖"，

不过这次的动静就很大了。

联合国是在1945年10月24日《联合国宪章》批准生效后正式成立的。1948年，联合国把10月24日命名为"联合国日"。1971年，联大建议会员国把这一天也作为自己国家的公共假日。

每年10月24日的联合国日，联合国在各地的机构都会举办一系列的庆祝活动。在纽约总部的活动有：升旗仪式、朗诵联合国宪章、秘书长致词、工作人员身着自己民族服装的游行、抽奖，等等。晚上在联大会场还有一场大型音乐会。

自我入职联合国后，每年的联合国日还有一个很特殊的活动，就是"联合国21世纪奖"的颁奖仪式。这个奖项1996年由加利秘书长设立，旨在表彰联合国里开拓创新、提高效率及表现突出的联合国职员。

具体的甄选过程为：工作人员在9月中旬前提名获奖人员，提名时需要说明提名理由和被提名人所做的具体贡献。提名截止日后，由有各方人士组成的评委会评议、投票决定获奖人。联合国21世纪奖有若干类别，每个类别有一位获奖者。这些类别有：创新、工作效率杰出、突出贡献、做职责范围外的工作等。

2004年我刚入职两年，就作为语言部的一员，被提名为集体奖的候选人。我们被提名的类别是创新。

我们做了什么呢？在2004年以前，联合国除了总网站 http://un.org，一般是没有部门网站的。语言部觉得我们有必要创建一批自己的网站，一是宣传我们自己的项目，二是为上语言课的学生提供必要的学习资源。这一批网站包括语言部的总网站、六个语言组各自的网站，以及语言教师的网站。

部里人员大多没有做网站的经验和技术，正好纽约的佩斯大学（Pace University）来寻求跟我们的合作，他们的技术力量比较强，我们就请他们的学生来协助我们做此项目。

获"联合国21世纪奖"，2004年。

虽然有学生的协助，但日后编辑和管理网站还要靠我们自己。所以我们也需要具备一定的设计网页的技能。2003年，我暑假回国时在南京路过一家网络公司，看到门口的广告上写他们办有网站设计培训班，我抱着好奇的心理进去了解情况。他们说跟他们学三个星期就可以设计专业网站了。然而我没有三个星期的时间，就问他们能不能安排一个人教我一天，我照付三个星期的培训费，他们说可以。就这样经过一天的学习，我基本掌握了做网站的要领，此后十多年我就凭借当时学到的技术，设计并管理了好几个网站。

经过几个月的集体努力，语言部的十几个网站就上线并产生了很好的影响。我们总共有近2000名学员，网站的影响力是不可低估的。我至今还不知道是谁提名我们的，总之2004年的10月中旬，我们得知获创新类的集体提名并被邀请参加颁奖仪式。

联合国日那天的颁奖仪式在联合国小礼堂进行，我们欣然获奖并集体上台，从联合国副秘书长（安南秘书长当日不在纽约）手中接过奖状和奖章。

获奖后我很快忘却此事，结果事经多年后竟找不到当时的奖状了，好在奖章还在。十年后的2014年，我再度获"联合国21世纪奖"，不过这次的动静就很大了。

2014年我带联合国赴华中文培训团去南京学习回来，无意间听人说我被提名了。说的人有心，而听的人倒无意。离第一次获奖已经过了十年，其间我并不太关注21世纪奖的事儿，也不清楚为什么有人提了我的名。

临近10月24日，我接到正式通知要参加那天的颁奖仪式。颁奖仪式办得如同奥斯卡奖，被提名的人员到现场才知道是否获奖。

那年一共有五个奖项类别：工作效率（efficiency）、创新

（innovation）、卓越远见（outstanding vision）、服务超越使命召唤（service beyond the call of duty）、联合国价值的体现（UN Values）。我这次被提名的类别是"服务超越使命召唤"，意思就是在褒奖非本职工作之外做出的贡献。被提名的理由是我从2004年到2014年所负责的联合国赴华培训项目，完全是在放弃自己的假期而且没有任何额外报酬的情况下承担的。

颁奖仪式在总部大楼三层的社经会议厅进行，出席人员有潘基文秘书长、管理事务部的副秘书长高须幸雄（Yukio Takasu）、相关部门的主管，以及候选人和他们的同事、朋友与家人。在纽约以外的被提名人员，都通过大屏幕远程与会。

每个获奖类别有两位候选人，我那个类别的另一候选人，是联合国在阿富汗的一个团队。我揣度他们是在极度危险的环境下工作的集体，获奖者一定是他们。候选人的名单虽经事先公布，我因为觉得没有获奖可能，所以才没有邀请家人和语言部的同事前来参加颁奖仪式，不过到场的却有不少参加过赴华培训项目的工作人员，他们都是自发来助阵的。

获奖人员是由高须幸雄副秘书长宣布的。宣读我这类奖项时，他公布是"联合国赴华项目"，而听到我的名字时，我的反应只能用英文"surreal"一词来形容，直译成中文大约是超现实，也就是不可置信吧。会上对我的介绍是这样说的：

联合国赴华培训项目是联合国总部中文组组长何勇于2003年为在联合国学习中文的学员发起的。在与南京大学的合作下，学员们在暑期进行3周的密集培训。除上课外，学员还去中国各地参观访问。这些文化之旅均由何勇博士组织策划，而何勇博士是每年放弃了自己的年休假来

获潘基文（右）秘书长颁发的"联合国21世纪奖"，2014年。

实施这一项目的。此项目已成为沉浸式语言教育的最佳范例。对于希望通过在华培训来提高自己的中文技能、探索中国，并亲身体验中国文化的学员来说，这是个最为理想的机会，而这种经历和知识需在语言所在国才能获得。从2003年赴华中文培训项目举办至今，已经有500多名学员参加了联合国中国语言项目。

获奖人的名字宣布后，我上台从潘基文秘书长及高须幸雄副秘书长手中接过奖状奖章并合影。我们一个是韩国人，一个是日本人，一个是中国人，三个东亚人并排站在一起倒是蛮有意思的。

潘基文秘书长最后致词说：

当今世界危机四起，对联合国的需求超出任何时期。今天，我们重申我们的集体承诺，要赋予边缘化群体和弱势群体以权力。我们正是因为有我们在全世界敬业和勤奋的联合国工作人员才能做到这一点。

仪式结束后，潘基文秘书长邀请我们到社经会议厅旁的一个咖啡厅，参加专为获奖人员举行的招待会，随我参会的中文组老师和实习生也都应邀参加了，并跟秘书长及其他贵宾合影留念。

2014年与2004年的通讯手段完全不一样了，电信和社交媒体的时效几乎是瞬间的。颁奖仪式刚结束不久，相关报道就铺天盖地出现在国内外各种网站上，就连我家乡的江苏网和龙虎网也大幅地报道。第二天联合国中文电台以"联合国中文语言课程'教头'何勇博士再次荣获'21世纪联合国奖'"为题发了报道①，随之《人民日报·海外版》和中国驻纽约总领馆、国家汉办的网站均予以转载。

联合国日过后，高须幸雄副秘书长还专门致信分管语言部的助理秘书长，再次祝贺我获奖。

2015年以后，"联合国21世纪奖"更名为"秘书长奖"。

---

① https://news.un.org/zh/audio/2014/11/305972

联合国里的中文活动

我前面说过，

联合国里举办最多的是

中国文化、语言的活动，

如果不加限制的话，

这里可能每天都会有不同的活动。

跟中国有关的专题讲座场场爆满，

足见联合国工作人员对中国的兴趣。

联合国是世界上最大的国际组织，而联合国的平台也就是世界上最大的平台。联合国不仅是各会员国磋商和平与安全、社会与经济这些生死攸关问题的地方，也是工作人员举办各种文化和学术活动的地方。

我前面说过，联合国里举办最多的是中国文化、语言的活动，如果不加限制的话，这里可能每天都会有不同的活动。跟中国有关的专题讲座场场爆满，足见联合国工作人员对中国的兴趣。

下面就谈谈我参与组织过的几个规模较大的活动吧。

联合国国际语言日

2007年5月16日，第61届联合国大会通过决议，宣布2008年为"国际语言年"（International Year of Languages）[①]，希望以此促进世界语言和文化的多样性，以增进各国人民之间的相互理解。

决议强调，联合国的六种官方语言都具有同等的重要性，它们必须在联合国的信息发布过程中得到恰当的使用，以便消除英语和其他五种官方语言在使用程度上的差异。

决议要求联合国秘书长潘基文确保这六种语言的服务部门均受到同等的重视，都能得到同样有利的工作条件和资源。

决议号召各会员国、教育机构和专业组织举办各种文化和教育活动宣传自己的语言。

我们是联合国的语言部，责无旁贷地要起领头的作用。因此，我们六个语言组分头行动起来，各自组织自己的活动。国际语言年在联合国总部的系列活动于2008年4月11日拉开了帷幕。

由我们中文组组织的有两项活动。成都画院的院长、著名书

---

① http://www.un.org/en/events/iyl/

法家和画家田旭中先生那两天正好在纽约，我就请他在活动的当天来联合国，用书法给联合国的工作人员写中文名字，田先生欣然应诺。我也安排了我们的老师和实习生给没有中文名字的工作人员起中文名字。

书写中文名字的活动当天上午10点就在秘书大楼的大厅开启，因为我们用的场地就在工作人员进入大楼的必经之处，不少人驻足观看并求一名一幅字，很快就排成了一条长队。

田先生奋力挥毫，写了一幅又一幅。有幸得到田先生书法作品的工作人员手捧自己的名字回到办公室，他们的同事看到后惊喜不已，纷纷离开办公室来大厅排队求字。就这样，田先生从上午10点一直写到下午3点，欲罢不能。

这时我们的顶头上司，分管人力资源厅的助理秘书长卡罗琳也听说我们的活动了，她因为公务繁忙，无法来现场，就派助理来请田先生去她办公室写一幅。

卡罗琳现在已经升任联合国大会部的副秘书长了，可是写着"卡罗琳"这三个字的书法作品至今还悬挂在她的办公室里。多年以后，我还曾在不少联合国工作人员的办公室里看到挂着田先生当时给他们写的名字呢。

我们当天举办的另一项活动是在联合国图书馆礼堂的中国文艺表演。当晚的节目有长笛、秧歌、太极、歌唱。联合国电台第二天的报道说"这场别具一格、高潮迭起的文艺演出，深深地感染了在场的观众"。

联合国中文日

每年一度的联合国中文日现在已经名扬中外。它的起因何故？

每年的2月21日是联合国国际母语日（International Mother
Language Day），2010年2月21日联合国新闻部（又译公共信息部）
宣布设立联合国语言日，目的是宣传多语言的使用和促进文化的多
元性。

在联合国里说多语言的使用一般指的就是联合国六个官方语
言的使用。通知发出后，新闻部的主管就召集联合国跟中文有关
的部门负责人开会，筹办中文日的活动并商量把中文日设在哪一
天。记得新闻部的那位主管开会时讲的第一句话就是：此活动虽
是新闻部提出的，但是希望由我们承办，另外新闻部没有任何活
动经费给我们。

我们参会的人员都有组织活动的经验，筹办一天的活动是游
刃有余的。至于把中文日设在哪一天，则需要考量，因为新闻部
希望各语言选择一个有纪念意义的日子。当时其他语言已经选好
了他们的日子：

法语选的是3月20日，因为那天也是国际法语组织（the
International Organization of La Francophonie）的周年纪念日。

英语选的是4月23日，因为那天是莎士比亚的生日。

西班牙语选的是10月12日，因为那天是哥伦布日。

俄语选的是6月6号，因为那天是普希金的生日。

阿拉伯语选的是12月18日，因为1973年的那天联合国大会通
过决议把阿拉伯语作为联合国的官方语言之一。

因为大部分语言都是设在一个文化名人的生日那天，我便建
议把中文日设在9月28日，据说那天是孔子的生日。与会的同事
们说此事重大，最好征求中国政府的意见。于是我们择日去中国
驻联合国代表团驻地商量此事。

代表团参会的负责人是新闻组组长兼代表团新闻发言人，他

说此事要汇报给国内，由国内定夺。代表团汇报给国内有关部门一两个月后一直没得到回复，我们就处于一个很被动的局面，因为联合国这边也在催问我们。

联合国网站上关于语言日的通知列出了另外五种语言日的日期，并注"中文日待定"。按理说这是联合国内部的活动，我们自己决定就可以了，但是一旦报到国内，不按国内的意图行事便不妥。后来我们就决定当年暂选个临时日子办此活动，选中的日子是11月12日，因为那天是现代中国之父孙中山先生的生日。

做此决定后，接到代表团的通知：国内的外交部、文化部和教育部商定的中文日定在4月20日，取的意思是那天是谷雨，也是仓颉造字的日子。我们接到通知时4月20日已经过了，但我们也不能在联合国语言日实施的第一年就缺席，于是代表团跟国内协商，同意2010年的中文日就按我们的意见在11月12日办，以后每年都在4月20日举办。

联合国首届中文日庆祝活动如期于2010年11月12日在纽约联合国总部举行。当时正值联合国大楼装修，庆祝活动是在临时修建的北草坪大楼的二层举行的。时任联合国负责新闻事务的副秘书长赤坂清隆，中国常驻联合国代表李保东大使，中国驻纽约总领事彭克玉和有关国家常驻联合国外交官、联合国工作人员以及其他嘉宾共100多人出席了开幕仪式。

赤坂清隆表示，中文是世界上最悠久的语言之一，同时也是全球使用人数最多的语言，中文日会使更多的人体会中文的优美、历史和文化的重要性。李保东大使致辞表示，联合国有史以来第一次举办中文日，将进一步扩大中文作为联合国官方语言的影响力，使更多的人接触和了解中国悠久的文明和灿烂的文化。

当天的系列活动中我们中文组组织的是一场"汉字的起源

与发展"的专题讲座,演讲人是我从南京大学特邀来的范毓周教授。他的讲座引起中文学员的极大兴趣。

2010年后,中文日每年都在谷雨那天举办,迄今为止,已经成功地举办了9届庆祝活动,而我也参与了每届活动的组织。通过丰富多彩的文化展示和艺术表演,在这个世界最重要的国际机构中推动了来自世界各地的联合国工作人员和外交人员对中国语言和文字的了解和喜爱。

中文日原是联合国的内部活动,但由于我们搞得有声有色,受到越来越多的国内组织和机构的关注与欢迎,国内媒体,包括《人民日报》和中央电视台都进行报道,现在每年都有很多国内文化和艺术团体申请参加联合国这一天的庆祝活动。这些文化和艺术机构带来的展示和表演都很专业,也为联合国的中文日增添了不少色彩。

联合国六个语言日中的中文日可以说是内容最丰富、参与人员最多的。其中很大的一个原因是我们得到中国驻联合国代表团、中国驻纽约总领馆和中国国家汉办的大力支持。而其他语言似乎得不到类似的支持,因此有的语言日参与者寥寥,组织者心灰意懒。有一年法语日的统计结果是参与者共有12人,其中一半还是组织法语日活动的法语组老师。

中国国家汉办对我们中文日的活动历来给予全力支持。在2011年4月20日第二届中文日上,国家汉办赠送联合国一个"中国文化体验中心"①,这是一台带触屏显示的多媒体中文教学系统。设备采用高科技视听技术,巧妙使用音频、视频、图片和文字等多媒体触摸屏互动形式,生动地展现中国博大精深的历史与文化,是一个可支持七种语言的中国文化"微型博物馆"。它零

---

① http://newyork.china-consulate.org/chn/ttxw/t817523.htm

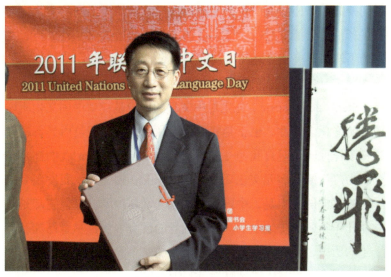

联合国中文日，2011年。

距离的互动教学内容涉及了中国文化的各个方面，包括功夫与书法、诸子问答、汉字鼎、京剧国粹、风光中国、生肖剪纸、中国民乐和中国美食等。

　　"中国文化体验中心"由中国驻纽约总领馆总领事彭克玉大使代中国国家汉办赠送，由我做代表接受。常驻联合国代表团李保东大使和联合国副秘书长赤坂清隆也参加了仪式并致辞。

　　由于前几届的成功举办，其后举办的"联合国中文日"活动热度一年比一年高，内容越来越丰富，形式也越来越多样化。

　　"中文日"的主打项目是中国书画展，通过举办中国书画展、图书展、文化讲座、文艺演出等活动，增进了大家对中文这门古老语言的了解和认知，更深地体会到中文的优美、简约、深邃和博大，加深大家对中国文化的理解。李保东大使对此高度评价道："这些年来联合国中文日活动，在中国人与其他国家人民之间架起了一座很好的桥梁。通过这样的活动，不同的文化之间有了新的机会能够进行交流，各国人民能够通过对一种语言、文字的了解来促进相互之间的友谊，加深彼此的了解。"

　　联合国新闻部新闻和媒体司司长、秘书长前发言人杜加里克（Stephane Dujarric）先生对中文日的评价是："中国文化所体现出的文化多样性，也正是我们作为联合国国际职员所具备的，这种多样性既是对自我的一种展现，也是反映并牢记我们都是一个更为广泛的、多元文化环境的一分子的一种方式。我发现令人非常感兴趣的一点是，中国现代文化非常新锐摩登，但它却是建立在几千年的历史之上的。比如现场的健身表演，尽管已拥有数千年的历史，但它在我们生活和工作的这个充满压力，需要高度活力的当今世界，仍然具有相当的活力。"

　　联合国的"中文日"毕竟是联合国内部的活动，我想如果能够设立一个"国际中文日"，应该能够在世界范围更有效地推广中文教学。特别是当我看到世界上的一些其他语言都有了自己的国际语言日，于是我便发起了建立国际中文日的倡议。

　　我想到推动此建议的最好机构是中国国家汉办，因为汉办的使命就是在全球推广中文教学。但当时的汉办负责人觉得每年9月底有个孔子学院日，不必再建立另外一个中文日了，我却认为孔子学院日并不能替代中文日，因为它只在有孔子学院的地方才有宣传活动，影响力还是有限的。

　　后来我又跟著名语言学家、时任北京语言大学党委书记的李宇明教授谈及此事，他非常支持我的想法。他担任过教育部语言文字信息管理司司长，跟部里领导很熟悉。他后来给汉办主任、人大常委会一位副委员长和教育部的一位副部长分别去了信，做此倡议。

　　此事还在进行中，希望在不远的将来能够实现。

联合国中文之夜

联合国中文日的成功举办产生了极大的影响。希望参与此事的国内机构越来越多，这就给我们带来另外一个问题，那就是无法在有限的时间里安排太多活动——最近几年我们为了照顾国内的文化团体甚至都没有办法安排自己的活动。

在这种情况下，中文组于2016年开始举办一个内容和形式上类似于中文日的活动，因为是在晚上举办的活动，所以我们就把它命名为"中文之夜"。

2016年的中文之夜是在5月17号举办的，当晚的活动有三部分内容。首先由三位联合国工作人员和外交人员介绍他们各自学习中文的心得体会，他们在使用中文进行讲解时所展现的中文水平令人惊叹。

来自印度常驻联合国代表团的参赞阿密特·纳朗（Amit Narang）在会上说："我觉得学习中文语言的过程是一个非常丰富和幸福的经验。在这个过程中不但学习了一种丰富和具有历史意味的语言，同时也了解到了一个非常有历史感的文化，交了很多朋友，认识了中国人民以及他们的思想和看法。"

学员介绍他们学习中文的习得体会后，来访联合国的北京语言大学党委书记李宇明教授做了一场题为"推广和规范使用国家通用语言文字、科学保护各民族语言文字"的讲座。这位曾就中国语言和语言政策发表过20多本专著和400余篇论文的著名语言学家的演讲受到了与会者的热烈欢迎。李书记的讲座结束后，上演了一场别有一番风味的文艺演出。

2017年的中文之夜在5月3日，当晚的活动具有特别意义，因为那是我退休前的两天，因此是我以中文组组长的身份主持的最后一次中文之夜的活动。我在前面一章里说过，南京大学也很重视这次活动，特派了海外教育学院的前任院长程爱民教授和现任院长赵文书教授携南大党委书记张异宾教授的信件来参会发言，中国驻纽约总领馆徐永吉教育参赞也到会致辞。

我们这次的主题是庆祝我带领的赴华汉语培训项目实施14年。曾参与过此项目的多名外交官和国际职员也先后在活动上致辞，回忆他们在中国度过的众多美好时光。

当晚活动特别邀请到中国十大青年琵琶演奏家马琳、旅美女中音歌唱家庞旋，以及旅美大提琴演奏家卢美旭为现场的来宾们献上了一场精彩的音乐会。联合国内举办规模较大的中文文化活动时多半辅以中国美食，我们当晚的活动也是以品尝丰盛的中国美食而画上句号的。

中国大学校领导论坛

除了上面谈到的北语李宇明书记关于中国语言问题的演讲外，我还组织并主持过一些中国大学校长或书记的演讲和论坛。

2012年4月10日，南京大学洪银兴书记带领一个代表团来联合国回访潘基文秘书长。之所以说是"回访"，这里还有一段故事。

潘基文于2005年上任不久，国内就有一些高校酝酿要授予他名誉博士学位，其中就包括南京大学。当时南京大学有关人士找到我，希望辗转了解一下潘基文的态度，也就是说想知道若邀请潘基文接受这个荣誉学位，他是否愿意接受？如果他不愿意或不能接受，南京大学就不再走程序了，因为国内的手续也是很复杂，授外国要人名誉学位是需经过教育部批准的。

我想到的第一个人是我们的中文学生——韩国驻联合国代表团团长朴仁国大使，他跟潘基文的关系很好，周末常在一起打高尔夫球。我向他提及此事后，他并不很积极，说潘基文已经接受世界上很多高校颁发的名誉博士学位，就怕联合国里有人会说他"沽名钓誉"。

随后我想到另一高层人士，就是分管联合国经济和社会事务部的沙祖康副秘书长。沙祖康虽然是副秘书长，但华裔工作人员还习惯叫他沙大使，因为他先前担任过中国驻联合国日内瓦办事处的常驻代表。我之所以想到他，因为沙大使也是南京大学外语系的毕业生。校友为母校尽力是理所当然的。

在联合国里想见副秘书长也不是一件容易的事儿，特别是我跟沙大使不属一个大部，但是我们当时的办公室都在联合国2号楼。知情的人都知道，想见沙大使有个巧办法：他有抽烟的习惯，因为楼里不让吸烟，他时常会下楼到门口吸烟，那个时候"抓"他很容易。我就是趁他在门口吸烟时跟他说起此事的，因为我之前就与他相识，这样的举措并不突兀。

聊起我也在南大外语系呆过他很高兴，得知南大的想法后他也很支持，并说他来做做工作，至于他是怎么做的工作我就不得而知了。总之潘基文接受了南大的邀请，在2010年10月31日利用参加上海世博会高峰论坛之际，专程去了南京大学接受南大名誉博士学位，当时给他授学位的就是洪银兴书记。

洪书记此行来联合国就是对潘基文的回访。潘基文秘书长说，2010年到访南大给他留下了深刻的印象，他对南大的隆重接待和师生们的热情表示感谢。南大培养了很多在联合国工作的优秀人员，曾担任联合国副秘书长的7位中国人中有3位是南大校友。南大是联合国在学术界的重要合作伙伴，在中文培养方面做出了实际性工作。

洪银兴书记是国内著名的经济学家，曾被评为中国最重要的

主持南京大学党委书记洪银兴（中）在联合国的讲座，2012年。

主持北京语言大学党委书记李宇明（右二）在联合国的讲座，2016年。

50名经济学家之一，我觉得机会难得，就邀请洪书记在联合国做一场关于中国经济的演讲，他欣然同意。

中国经济在联合国是个热门话题，洪书记的讲座吸引了不少听众，其中一位是联合国经济和社会事务部全球经济监测中心主任洪平凡博士。我与洪博士亦为好友，他也是著名的经济学家，在联合国人称"首席经济学家"。洪书记的讲座过程中，洪博士提出很多深刻的问题并发表自己的观点，事后我说你们这是"双洪论剑"。

2015年5月21日上海纽约大学俞立中校长来访联合国。作为中国第一所中美合作创办的大学，上海纽约大学自2011年筹建以来一直吸引着各界的关注，我借机邀请俞校长在联合国做场讲座，介绍上海纽约大学，俞校长欣然接受。

主持上海纽约大学校长俞立中（中）在联合国的讲座，2015年。

在演讲中他以上海纽约大学的全球化教育为主题，对全球化时代的高等教育改革与创新作了深入探讨，联合国不少工作人员对此话题有浓厚的兴趣，他们和俞校长进行了热烈的互动。

讲座后俞校长邀请我们参加当年夏天赴华汉语培训项目的学员参观上海纽约大学，我们也如约于7月从南京专赴上海参观位于陆家嘴金融区附近的纽约大学校园，俞校长亲自给我们当导游。全团人员无不对上海纽约大学的新理念、新模式和超现代化的设施留下了深刻的印象。

2017年5月5日，也是我正式退休的那天，温州医科大学校长吕帆博士来访联合国。

吕帆校长是位传奇人物，她在美国获得眼科博士学位，是温州医科大学历史上的第一位女校长。中国的医疗事业也是联合国工作人员所感兴趣的，我就邀请她给工作人员做了一场讲座，介绍中国的医疗和医学教学。

讲座中，吕帆教授围绕全球瞩目的中国医改，用数据等实例展示了二十多年来中国取得的成绩，并介绍了温州医科大学主动对接国家发展战略，提升人才培养质量，尤其在全科医学人才培养上做出的努力和取得的成绩。与会人员围绕中国医疗事业这个话题也跟吕校长进行了热烈的互动。

书法在联合国

古今书法家以笔墨传心，
把中国文化的基因和自己的气质学识，
用视觉形式承载、蕴含
在一篇篇笔墨运行之中。
在海外推广书法也就成了
推广中国文化的一部分。

　　古今书法家以笔墨传心，把中国文化的基因和自己的气质学识，用视觉形式承载、蕴含在一篇篇笔墨运行之中。在海外推广书法也就成了推广中国文化的一部分。

　　旅法艺术家、哲学家，亦是南京同乡的熊秉明先生曾说过："书法是中国文化核心中的核心。" 林语堂也在他的《中国人》一书中写道："只有在书法上，我们才能够看到中国人艺术心灵的极致。"

　　我在华美协进社做语言部主任时就与书法产生了联系。那时我们开设书法课，来上课的学员多为美国人，其中还有一位是纽约州的参议员。

　　我原以为他们都是对中文产生了兴趣，继而对书法发生兴趣的。后来经了解，发现事情不尽如此，因为课上一些学员并没有学过中文，对中国语言也没有那么浓厚的兴趣，他们是把书法作为一门艺术来学的。

　　后来我又读到过两位西方人士对中国书法的评论，足证书法在中国文化中占据的地位，对我触动很大。一位是艺术大师毕加索，他说过："如果我出生的时候是中国人，我就会做书法家，而不做画家。"他一生没来过中国，也不知此言真假，反正他说是因为中国有太多的书法家，他不敢来。

　　另一位对中国书法有精辟评论的是西方学者Conrad Schirokauer， 他在他的《中国文明简史》（*A Brief History of Chinese Civilization*）一书中说："中国的上等文化是高度的视觉文化，而最高的艺术形式是书法。"（The high cultures of China are profoundly visual， and the highest art is calligraphy.）

　　我到联合国后主办过十多次书法活动，常常会引用上面几段名言。

　　我带联合国中文学员去南京大学进行暑期培训的时候，也特别在语言课程外开设了书法课，同样是为了满足学员对书法学习的兴趣。

　　还有件趣事：我最初几年带联合国团去南京大学培训时，太太和儿子均随行。有一年我们觉得儿子在南大无事可做，就从附近的南京艺术学院请来一位研究生教他学中国画。可是上第一堂课的时候，这位小老师就说：学中国画的首先要学写书法，这下就把我儿子难住了。因为他在美国出生、长大，中文听说还凑合，但是读写差距尚远。最后商量半天，小老师才同意用我们建议的"铃木教学法"①来教授，即上来就画，不讲太多的道理。学国画需先学书法，也充分说明中国文化里书法所踞的至尊地位。

　　近十年来，联合国掀起了一股股书法小旋风，这里也有不少故事。

　　2011年被誉为"中国硬笔书法第一人"的著名书法家庞中华先生来纽约探望在此读书的女儿。他在国内堪称家喻户晓，出版过100多种字帖和专著，总印数突破2亿册，如果说亿万中国人跟他学过书法一点儿都不夸张。

　　庞先生到纽约后，很多高校和文化机构纷纷请他去做讲座，我们组和联合国中国书会也向他发出邀请。庞先生欣然接受，来我们语言部的一个大教室做了一场别有风趣的书法讲座。他介绍了自己独创的"快乐音乐书法教学法"，其中西合璧的风格让参加讲座的中外听众兴趣盎然。

　　讲座后我跟庞老师聊天说，他什么时候有空可以到我们组开一门书法课。言者无心，听者有意，庞先生当真了。他回国后不

① Suzuki method，又称铃木运动，由日本小提琴家铃木镇一在20世纪开发与推广的音乐教学法及教育哲学。

明星老师庞中华（前排左三）

久便联系我问什么时候可以开始任教。

我们这里开一门新课也不是件容易的事儿，特别是没有先例。经过几番解释和说明书法是学习中文的一部分后，语言部负责人同意我们开这门新课了。庞老师不久后也重返纽约准备教课。

记得有一天他兴冲冲地来联合国见我，并带来准备发给学生用的书写工具——他定做的硬笔，乍看上去很像是美国文具店里出售的粗黑笔。我马上跟庞老师说不行，他得用毛笔，因为用毛笔写才能真正体现中国书法的传统。庞老师虽感到意外，但很快就理解了其中的原因，说用毛笔写书法没问题。

这个问题刚解决又遇到了另外一个挑战，就是老师要用英语讲授书法课程，这个难度还是不小的。所幸的是报名上书法课的人中有华裔学员，他们愿意提供协助帮忙翻译。这里我想插一句

"题外话"：关于书法艺术在海外的传播，有的时候是个"技术活儿"，我们得用英语将书法中蕴含的中国审美理念和文化思想以外国人听得明白的方式讲述出来，这是书法文化走出国门的第一步，也是一个巨大的挑战。

联合国的首个书法课就这样开班了。我们的语言课都是小班教学，而庞老师的书法课却是超员，有近20位学员报名上课。庞老师花了不少心思，教得有声有色，一学期下来，很多从未沾过书法边的人士都能写出很像样的汉字了。

庞老师在国内有很多工作，不能长期在纽约，所以他教了一个学期后便回国了。他回国后立刻撰写了一套《庞中华联合国书法班课本》送给我们的学员，并在书中谈了他在联合国教书法的体会。

庞老师回国后，不少学员不断询问我们什么时候可以再开书

周斌教授手把手教潘基文先生写书法

法课，这时我们恰有了位适当的人选，他就是来自上海华东师范大学的周斌老师。

周斌老师是浙江大学人文学院书法学博士后、华东师范大学中国书法教育与心理研究中心主任、艺术学院美术学系教授，当时在纽约大学做访问学者。2011年2月我曾邀请他在华美人文学会做了一场题为"中国书法与市民文化"的专题讲座，还展示了他的书法作品。

周斌老师出席过庞老师在联合国的书法讲座，当庞老师回国后，周斌老师表示：愿意接着庞老师继续开书法课，我们随即聘请周老师来任教。周老师与庞老师的教授方法不同，但异曲同工，也受到学员的欢迎。

周老师的社交能力很强，他很快就跟学员们打成一片，还去中国常驻联合国代表团和中国驻纽约总领馆教外交官们书法。中国常驻联合国代表团团长李保东大使和夫人侣海林公参也成了他的学生。大使和大使夫人常与潘基文秘书长见面，在他们的鼓励下，潘基文也成了周斌老师的学生。他们利用周末时间在潘基文的官邸进行教学。潘基文学得很勤奋，进步也很快，不到半年写的书法就很拿得出手了。

2011年底，我和周斌老师，还有联合国中文书会的负责人，开始筹划次年1月有潘基文参加的联合国工作人员书法展。当然也少不了跟常驻团和总领馆协调。邀请潘基文参加活动是一定要经过常驻团审批同意的。因临近中国春节，我们就把这个展览叫作"企盼和平——2012年新春书画作品展"。

经过紧锣密鼓的筹备，书画展于2012年1月10日隆重举行①。潘基文秘书长和夫人柳淳泽、苏和副秘书长、赤坂清隆副秘书

① 见外交部网站：http://www.mfa.gov.cn/chn/gxh/tyb/zwbd/t894802.htm

长、李保东大使和夫人侣海林、韩国及泰国驻联合国代表、驻纽约总领馆董晓君副总领事、各国外交官、联合国职员、中外媒体等150余人出席了开幕式。

潘基文致词说，中国书法是历史悠久的伟大艺术，也是日本、韩国、新加坡等亚洲国家的共同文化遗产。他自己从小学起就接触书法，至今已练习超过50年。练习书法不但能给人以美的享受，还能带来心灵的宁静。他很高兴看到，当天的展览展出了很多国家外交官和国际职员的书法作品，这些作品增进了彼此之间的了解和沟通。

潘基文现场展出的书法作品是"和平"。他在致词中说："我之所以要写'和平'二字，是因为和平对世界意义重大。作为联合国秘书长，我将不遗余力地推进世界和平。"同时，潘基文也感谢中国政府对世界和平所作的贡献，并借此机会向中国人民致以龙年新春的问候。

联合国秘书长日理万机，很少会参加这样的文化活动。潘基文参加我们组织的这次活动，是六个语言组此前绝无仅有的。这当然跟他本人是亚裔，同时对书法也有所了解相关。他带头学习书法无疑推动了联合国工作人员学习书法和学习中文的极大热情。

除了书法课以外，我们也邀请来访的国内著名书法家做专题讲座和活动，其中有荣宝斋艺术总监、书法院院长、原中国书法家协会副秘书长张旭光先生，中国书法家协会秘书长郑晓华先生，首都师范大学书法专业的赵宏教授。其中张旭光先生也曾参加我们2012年举办的包括潘基文秘书长参加的书画展览。

张旭光先生在北京主持的"北兰亭书法工作室"，2013年还和我们赴华培训团在北京举办了一场"中国梦、世界梦——百位联合国官员、中国书法家相聚中国太庙同书《联合国宪章》百米

长卷暨联合国官员与中国书画名家作品展 ” 的活动。活动详情已
在我们赴华项目那一章叙述了。

华美人文学会

以传递中美教育文化信息、
促进中美教育机构之间的联系、
促成两国交换教授与学生、
增强美国民众对中国文化的兴趣，
并协助在美的中国留学生为使命。

我在第一章里已经简要地提到过"华美协进社"（华美）创建的背景。

创立后的一二十年里，华美协进社把自己定位为中国留美学生的海外之家，以传递中美教育文化信息、促进中美教育机构之间的联系、促成两国交换教授与学生、增强美国民众对中国文化的兴趣，并帮助在美的中国留学生为使命。

华美初创

创建伊始，尚处襁褓中的华美协进社便立即成为中国信息中心，向中国学生提供关于美国教育的资料，向对中国教育感兴趣的美国人提供咨询。华美还协助中国学生申请美国大学、提供推荐信和证明信，帮助他们获得实习的机会，办理移民手续，并发放紧急贷款等。

华美的首任社长郭秉文任职3年后，应孔祥熙之邀于1930年回国，出任国民政府工商部国际贸易局局长。接替郭秉文的第二任社长是孟治。

与郭秉文、胡适一样，孟治也是在得到庚子赔款奖学金（又称清华奖学金）后来美留学的。这位中国儒学大家孟子的嫡系后裔，先是在北卡罗来纳州的戴维森学院读本科，后被哥伦比亚大学录取读社会学博士，毕业后被郭秉文选为继任。

在孟治的领导下，华美真正成为了吸引留美中国知识分子的磁石。20世纪初，派遣更多的留学生赴美是中国政府的重要决定，而这些学子赴美后也同样迫切需要帮助。

1933年，中国教育部长委任孟治为中国教育使团驻美荣誉主席，负责选拔清华奖学金留学生赴美，并帮助他们解决在美遇到的困难。为此，孟治走访了美国46个州的288所高校，会见了1700名留学生。为使他更好地熟悉国内的情况，中国教育部又邀请他回国考察从美国学成回国的留学生。1936至1937年间，他走访了全国14个省，会见了2400名学成回国的留美生，他们中的大多数人在国内已成为政府、财政、工业、商业和教育等领域的中坚力量。

1937年春天，日本即将发动全面侵华战争，"中华文化教育基金会"决定把部分款项转移到美国，由孟治和他领导的华美协进社负责监管，以确保该笔款项能真正用于资助在美国有困难的留美生。

但是，人们很快发现"中华文化教育基金会"所提供的款项，对于帮助在美的2000名留学生只是杯水车薪。孟治便全力以赴寻找新的资金渠道，包括向当时美国总统罗斯福的夫人寻求帮助。

罗斯福总统夫人对当时在美国的中国留学生的艰难处境深表同情，应孟治邀请，1943年罗斯福总统夫人在哥伦比亚大学的国际学生公寓楼，向中国留学生发表了演讲。

1940年代华美已获得中美两国政府的充分信任，成为中美两国交换学者和学生的桥梁。截至1943年，通过华美颁发的奖学金总额高达250万美元。

孟治在担任社长的37年里，还积极促成中国学者的来美访学活动。华美引介了无数的中国学者和艺术家来社里进行文化交流，其中包括梅兰芳、冯友兰、赵元任、吴贻芳、赛珍珠、老舍、曹禺、林语堂等。作为华美顾问委员会的成员，胡适自然是常客。

文化讲座

经过几十年的发展和演变，到90年代末我进入华美时，它的工作重点已经发生很大的变化。

孟治卸任后的历任会长绝大多数都是美国人，工作人员也大多是美国人，其服务对象也是美国大众，所有的活动都是用英语进行。把服务的对象定位为美国大众是正确的，但完全没有以中文举办的相关中国和中国文化的活动却失之偏颇。当时也有人非议，说华美协进社是上城文化，不愿意与下城文化为伍。

纽约曼哈顿59街以北被称为上城（uptown），上城中59街到96街又称上东城（uptown East），是全美知名的富人区，而华美的位置就在东65街。东65街的邮政编码是10065，那是美国人均最富的邮编①。14街以南被称作下城（downtown），华人聚集的中国城（唐人街）就在下城，那里居民的经济状况远远不如上东区。上城文化指的大概是阳春白雪，而下城文化大概就是下里巴人了。设在上城的华美协进社和位于下城的华人社区脱钩的情况亟待改观。

我进华美的时候，从国内来纽约留学、访学或移民的人数已经很多了，其中不乏卓有才识的学者和艺术家，他们希望有个平台展示自己的学术才华；此外，大批留学生和普通民众也希望有个地方接受中国文化的熏陶。

在上述几方面的强烈需求下，我与纽约的一些热心人士，于2001年1月举办了一个用中文进行的"中国文化系列"讲座，讲题涉及中国文学、历史、哲学、艺术、电影、戏剧、教育等。首讲由旅美作家董鼎山先生担纲，他的讲题是《架起中美

---

① http://www.businessinsider.com/americas-most-expensive-zip-code-10065-2012-10

文学之间的桥梁》。

系列讲座推出后，在民众中迅速产生极大的影响，我们筹划的10次讲座场场爆满，于是在系列讲座结束后又不定期地举办了一些讲座。

我们当时是在没有任何经费的情况下举办这些活动的。没有经费，演讲人义务做讲座，我们对外也不收费，这种操作方式用今天的话语来说就是一个"不可持续性"的项目。

2002年初我应聘去联合国工作后，原以为就此跟华美协进社脱离关系了，但是外界对我们举办的中文活动呼声很高，强烈地希望我们的活动能继续办下去，社里也希望我能以某种方式继续负责。在这种情况下，我便和社里一位知名学者商讨共同建立一个常设机构，"可持续性"地开展我们的中文讲座项目。

这位知名学者就是汪班老师。

汪老师是一位博学鸿儒，是纽约的一个文化品牌，诗文书画、京昆戏剧，无不通晓。他最痴情和专研的古典文学是《红楼梦》，他最倾心的现代文学是张爱玲的作品。汪老师精通英文，擅长将中国古典文学的精粹予以生动解读，讲给不谙中文的美国学生听。他自幼接受戏曲的熏陶，对昆曲表演艺术有着非常精深的见解，能够把戏文里的一字一句、演员在舞台上的一举一动掰开揉碎地讲解，让美国的听众自然产生感应，这对中国文化在国外的传播堪称善莫大焉。

我与汪老师1997年初识时，因得知彼此为江苏同乡而倍觉亲切。汪老师的父亲是连云港人，母亲是苏州人。他父亲在国民政府时期还做过国民党省党部主委，用今天的话来说就是"省委书记"了。1949年他们全家随蒋介石去了台湾。

汪老师1962年赴美留学，后在哥伦比亚大学、华美协进社和联合国任教至今。因其丰富的中国语言文学知识，汪老师经常应美国许多大学、博物馆和文化机构之邀做关于中国文学、戏剧、书画方面的演讲，而且他的精彩讲座总是场场爆满，听众们如醉如痴，欲罢不能。

我向汪老师讲了"可持续性"地开展中文讲座项目的想法后，他表示完全支持我建立常设机构、定期举办中文讲座的倡议，他本人先前也是我们系列讲座的演讲者之一。

筹款奇人

如果要"可持续性"地开展我们的活动，就必须有一定的经费支持。于是汪老师提议我们去找一位智多星——周克芸女士。

周克芸女士与她的先生段宝华我都很熟悉，周女士英文名Gwynne。在非正式场合，我们都直呼她Gwynne。Gwynne的父亲周贤言是20世纪初中国足球明星，1905年出生于上海，就读于上海交通大学前身南洋公学。期间为沪上著名的乐华足球队守门门将，随队连年赢得过多次国内外足球联赛冠军，号称"铁门"，是中国足球崛起于世的黄金时期代表之一。

我进华美协进社工作时，Gwynne也在那儿工作，担任发展部的主任。在美国，"发展部"的意思其实就是筹款部，美国规模比较大的非赢利组织都有这个部门。非赢利组织通常经费有限，在很大程度上要依靠筹款来支撑，所以发展部主任的工作就是要想方设法从政府、民间、企业，特别是从个人那儿筹款和募捐。

我早就听说Gwynne是筹款募捐方面的"奇人"。募捐是门艺术，担任募捐工作的人需要具备相当的说服能力和个人魅力，Gwynne在这方面的能力无人能出其右。她在募捐时往往跟对方吃顿饭、喝个咖啡，并不提捐款两字，但吃完饭，喝完咖啡后，对方自动就会把支票本拿出来，问她要多少。

当汪老师建议我找Gwynne的时候，她已经退休离开华美了。像她那样具有神奇筹款能力的人才是不会在家赋闲的，她退休不久就被美国知名的"百人会"（Committee of 100）聘请去主持他们的发展部。百人会是美国的一个华人精英组织，最初由在美国社会中最有影响力与知名度的100位华裔组成，现在的成员已经不止100人了。

百人会经常举办高层次的活动，所需捐款的数额自然也很可观，他们就完全仰仗Gwynne寻找金主了。有一次她伤了腿在家休养，我打电话问候并劝她静养时，她说她需要为某活动筹款500万美元，只有5天的时间了，她在家得给很多人打电话，平均每天要筹到100万美元。我不禁为她发愁，而她说自己并不担心，差不多能完成指标的——Gwynne说起话来总是那么自信。

Gwynne是个热心人，也是有办法的人。她听说我们的想法和打算后便表示会全力支持。事实证明，我们的活动能延续到现在，没有她的鼎力协助是不可能的。我们需要的费用其实并非巨额，只需支付演讲人的讲课费和一些业务开支就够了。但Gwynne告诉我们，正因为是小钱，所以向政府或企业募捐更困难，因为他们看不上小钱，我们只能向私人募捐。我在募捐方面的能力可说是"零"——我最怕麻烦别人帮忙，更不用说向人要钱了。于是这件事便得仰仗Gwynne，好在她是专业人士，乐此不疲。

"人文学会"面世

跟Gwynne见过面后，我们就分头行动。她去募款，我和汪老师向社长提议要成立一个常设组织的事。因为我们办的讲座都是文学、艺术、戏剧、历史这方面的，我们觉得用"人文学会"的名字比较合适，又因为我们是华美协进社的一部分，所以我们的全名就是"华美人文学会"。

"人文"基本可以概括我们所有的内容。日后我们在《周易》里找到了"人文"一字的出处："关乎天文以察时变。关乎人文以化成天下"，并请余秋雨先生用书法写了这两句名言。

当时的社长听了我们的提议后觉得是件好事儿，何况我们不要社里提供任何经费。就这样"华美人文学会"应运而生，由我和汪老师担任共同主席。

我们得到了社长的支持，Gwynne那边也取得了令人欣慰的进展。在她的张罗和协调下我们办了一场筹款会，请来纽约一批华人名流，包括日后成为我们主要"金主"的宋子文先生之女宋琼颐夫妇和徐志摩的两个孙女。

筹款会是在林肯中心附近川普大厦30楼的一套豪华公寓里进行的。那是一位年轻的华人朋友的住所，她很热心，知道我们是在为一个高尚的事业举办活动，便欣然把自己的住所借给我们用。

筹款会举办的场地可以270度地环视纽约风景线，下方就是中央公园、哥伦布广场。屋里高朋满座，济济一堂，他们之间很多人早就互相认识，但年久失联，在这个场合下重逢，自然是十分地兴奋和激动。还有人感谢我们组织这个活动，让他们有机会再相聚。

主持华美人文学会的讲座

与宋子文长女宋琼颐（左）在一起

　　会上华美协进社的董事长冯彦达首先致辞，祝贺华美人文学会的诞生。冯彦达先生是华美的董事长，是宋子文先生的女婿、宋子文长女宋琼颐的先生，我很早就认识他。冯先生儒雅温和，我们每次见面都会畅聊一番。不幸的是人文学会成立后一年，他就因病去世了。追悼仪式在曼哈顿的一所教堂里举行时，我也参加以表达哀思。

　　冯先生去世后，我跟宋琼颐女士仍多有交往，她的英文名字是Laurette，大家都叫她英文名字而从不称中文名。她与我母亲同年，都是1928年出生，所以我常常把她看作长辈。但也正因如此，有一次我惹了"麻烦"。

　　十多年前某日，我请她来联合国外交官餐厅吃午餐。进入联合国总部大楼时要通过严格的安检，程序与机场过安检几乎一样。为了方便她顺利通过，我对联合国的安保人员说她是我妈妈，安保果然"网开一面"给她很多方便。哪知进去后，她对我跟人讲她是我妈妈表示不高兴，我这才意识到把她称"老"了，赶紧道歉。此事Laurette一直"怀恨在心"，十多年来闲聊时常常"控诉"，真后悔那时没把她称做大姐甚至小妹。中国人习惯常说"礼多人不怪"，现在还是"姑娘年年称十八"比较好。

那次的筹款会果然硕果累累，会后便收到不少捐助的支票，包括Gwynne和她丈夫段宝华先生的。我们此后兴办的活动因之得到了强大的经济保障。

永恒话题

华美人文学会成立后举办的第一个大型活动，是2003年9月27日在纽约市立大学亨特学院举办的"徐志摩研讨会"。这是在美国首次举办研讨徐志摩的活动，最大的亮点是徐志摩的儿子徐积锴和他的两个女儿以及她们的孩子都悉数前来参加。

在当天的活动上，我们邀请了纽约当地的一些学者、专家与诗人做了专题演讲，还特地请了专业艺术家朗诵、歌咏徐志摩的作品，同时我们也展出了徐志摩的作品、手稿、生平等相关的珍贵图片与实物。这一盛大活动在纽约的华人社区产生了极大的影响。

2011年11月19日是徐志摩因飞机失事遇难80周年的纪念日，我们在哥伦比亚大学举办了一场徐志摩诗歌朗诵演唱会。会上我们放映了徐志摩故乡海宁市电视台制作的《诗人徐志

与徐志摩两孙女在一起

摩》纪录片，还邀请了纽约各界著名人士朗诵徐志摩的诗歌。

　　这次活动的一个亮点是一些国际友人也参加了朗诵，包括纽约大都会歌剧院的一位美国导演和联合国的一位英国籍的工作人员。我也在会上作了讲话，专门介绍了徐志摩在哥伦比亚大学的硕士论文《中国妇女的地位》。徐志摩的两个孙女和专程从加州飞来的徐志摩之孙徐善曾博士，携他们的孩子一起出席了当天的活动。徐善曾博士还专门订制了一批刻有徐志摩《再别康桥》诗句的水晶石，作为礼品赠送给朗诵人员。

　　与徐家后人接触多了，自然而然就跟他们成了亲近的朋友，他们也很信任我，视我如同家人。徐家后人长期在美国居住，中文水平代代退化，还有些后代根本不会说中文了，所以他们遇到中文问题时常让我帮忙。

　　2007年6月23日徐志摩的儿子徐积锴去世，由他的大女儿也就是徐志摩的大孙女徐祺张罗父亲的后事，问我能否帮忙把她写的英文讣告译成中文，我自然义不容辞。后来讣告译文登载在纽约的中文报纸上。

徐志摩的孙辈每隔两三年都要回海宁故乡扫墓，因为他们都已不谙中文，希望我能找人陪同他们一起前去帮助翻译。我先后一共安排过五位女生陪他们回海宁，一位是联合国的前实习生、两位是联合国回国度假的工作人员、一位是南京大学的学生、一位是杭州女博士。她们都是徐志摩的粉丝，与志摩的后人零距离接触，于她们也是求之不得的机会。

几年前徐志摩的长孙徐善曾博士着手撰写一本关于祖父的传记。他虽然拥有耶鲁大学的博士学位，但却是建筑学专业的。他，中文不会说也不会写，所以撰写一本关于中国一代诗魂的传记，对他而言的确是个挑战。他在写作过程中经常向我咨询，我也尽力提供一切可能的协助。这本用英文写的传记 *Chasing the Modern* 终于在两年前问世，中文版也即将出版，书名是《志在摩登》。

对我们来说，徐志摩是个永恒的话题。只要有契机我们就会举办纪念徐志摩的活动。徐志摩1897年出生，2017年是他诞辰120周年，这是再次举办纪念徐志摩活动的重要机缘。于是人文学会在2017年11月19日——恰逢他86年前的遇难日，我们又在纽约的佩斯大学举办了一场规模盛大的"一代诗人徐志摩纪念会"。

会上徐善曾博士介绍了他新近出版的徐志摩传记，随后有十余名联合国工作人员和中国学者及学生朗诵徐志摩的诗作。在哥大访学的浙江大学教授何珊云毕业于徐志摩曾就读的杭州高中（杭州府中），由她讲述徐志摩在杭州中学时的情景；联合国工作人员周廷华代表四位曾陪同徐志摩孙辈回故乡的女士

主持徐志摩诞辰120周年纪念会，2017年。

介绍在浙江海宁的所见所闻；英国剑桥大学的中国学生代表通过诗歌朗诵的视频形式遥寄对这位先哲的缅怀之情。会上还有音乐家演奏了大提琴曲并演唱电视剧《人间四月天》的主题歌《飞的理由》和《我不知道风是在哪一个方向吹》，寄托了大家对徐志摩的怀念。

活动结束后，徐志摩的大孙女徐祺给我写邮件说：

这么多年来，我们一直得到你的友谊、支持，并从你那儿学到很多东西，我们感到非常荣幸。在过去的这些年里，你时常帮我们理解祖父的诗歌和庆祝他的人生。谢谢！我们全家都对你给予我们的种种帮助感激不尽。

我回信时要她不用客气，我已经把自己看成是徐家一员了。徐志摩才华横溢，被誉为"诗哲"，他活跃的思想对近代诗坛乃至整个现代中国的思想界都有比较深远的影响。他独具一格的创作手法和艺术语言，为当时中国的文化界注入了一股清新的空气，他宝贵的艺术作品不仅是徐氏一族的财富，更是文化界的瑰宝。能让这份精神财富代代相传，并且能为徐志摩的后人效点儿力也是我的荣幸。

文化名人

华美人文学会自成立以来，已经举办了600多场专题讲座。国内以及美国最知名的中国学者我们大多都邀请过，包括余秋雨、白先勇、夏志清、董鼎山、刘心武、于丹、易中天、阎崇年、王安忆、莫言、郦波等人。

我们还经常邀请名人之后与听众分享他们先人的故事，其中有：翁万戈（翁同龢玄孙）、舒乙（老舍之子）、万方（曹禺之女）、沈迈衡（茅盾孙女）、刘蟾（刘海粟之女）、徐芳芳（徐悲鸿之女）、郁飞/王永庆（郁达夫之子和儿媳妇）、张明明（张恨水之女），等等。

我们所请的数百位演讲嘉宾几乎每人都有故事可讲，但因为篇幅有限，我只择其中一位细说一番吧。他就是余秋雨先生，曾三次做客人文学会。

余秋雨的名字在中国文化界可谓如雷贯耳。他在1985年

主持白先勇讲座，2017年。

仅39岁时便成为中国大陆最年轻的文科教授，1986年被任命为上海戏剧学院副院长、院长，是当时全国最年轻的高校校长。1987年他被授予国家级突出贡献专家和上海十大学术精英的荣誉称号。数以百万计的青年人读过他的《文化苦旅》《山居笔记》等著作，其独特的大散文手笔深受读者的喜爱。

余秋雨夫人是著名的黄梅戏艺术家、国家一级演员马兰女士，是迄今为止国内囊括舞台剧表演暨电视剧表演全国最高奖项的唯一获奖者。

邀请余秋雨夫妇来华美人文学会做讲座，对我们来说似乎遥不可及，但我们还是想抱着侥幸的心理一试。2005年初，一次偶然的场合里，我结识了余先生在美国的一位邵姓朋友，闲

与莫言在一起

与翁同龢的玄孙翁万戈在一起，2016年。

组织美国交通部长赵小兰与其父赵锡成的活动，2016年。

谈中请他把我们的邀请之意转达给余先生和马兰女士。不久邵先生便回话说：秋雨先生和马兰女士欣然接受我们的邀请。

听到这个答复，我们喜出望外。两位客人的赴美手续办理很顺利，4月初便如期抵达纽约。秋雨先生的讲座在4月9日开讲，讲题是《当前中国文化的的困境和出路》，我们为了纪念华美协进社创始人之一胡适先生，把他的那期讲座命名为"胡适讲座"。

华美协进社的场地有限，我们便借用了华美左近的纽约市立大学亨特学院的一个礼堂，能够容纳300多人的会场当天座无虚席。余先生果然学贯中西、博古通今，整场讲座自始至终没

与濮存昕在联合国

有用过一页讲稿，依然口若滔滔黄河之奔腾不绝。马兰女士在
当天的活动中也登台致辞并演唱，其唱腔动听、动作优美、气
度不凡，引起的轰动也不逊于先生。

在人文学会的讲座结束后，我又介绍余秋雨先生去华盛顿
国会图书馆和哈佛大学燕京学会做讲座，也受到两地听众的热
烈欢迎。

2007年我们第二次邀请余秋雨夫妇。这次我们打算换个角
度，让马兰女士唱主角、余秋雨先生"唱"配角。鉴于马兰女
士在表演艺术上的贡献，我们还应纽约市文化局、华美艺术协

会和纽约林肯艺术中心之邀，拟定共同给马兰颁发"亚洲最杰出艺人金奖"。

　　但是这次余秋雨先生在美国驻上海总领馆办理签证时被拒签了。拒签的理由听起来很荒唐：在申请签证的文件上余先生填写他2005年曾应我们之邀来纽约做过演讲，但由于美领馆2005年后更换了电脑，系统里查不到他们发给他的签证记录，余先生这次申签的护照又是本新的护照，上面也没有前次签证的记录。余先生为此兴致索然，表示不再来美国了。

　　我们得知这一消息自然很沮丧。通常美领馆拒签时不需告知申请人任何理由，好在那次他们还是让余先生知道了为何被拒签。因此当我们正要放弃两位客人的来美计划时突遇转机：汪班老师有个美国学生恰好认识美国驻上海总领馆的总领事，

主持余秋雨在哥伦比亚大学的讲座，2008年。

她听说此事后大抱不平，主动跟那位总领事理论，埋怨他们的签证领事竟然不知道余秋雨是何等人物。

外交界好像有惯例，不质疑签证官的决定，所以总领事并没有道歉，但他解释说，不能指望对中国文化了解不多的签证官知道诸多的中国名人，同时他也请这位女士转告余先生，请他携带上次访美的材料，如媒体报道、照片等，再去领馆办一次。

我们得到消息后，随即劝说余先生再劳动一次，不枉费我们的苦心，于是他带上我们为之准备好的各种材料又去美领馆申办签证。戏剧性的是，这次签证官什么问题也没问，连带去的材料也没过目就爽快地批准了，看来一定是总领事跟他们打过招呼了。

2008年新年伊始，余秋雨夫妇再访纽约。那天我开车到肯尼迪机场迎接他们，时隔两年多重见，相聚甚欢。这次两位嘉宾的活动安排在哥伦比亚大学。马兰女士率先做了"我心目中的中国戏剧表演"的讲座，随后余秋雨教授做了"对中国文化史的重新思考"的讲座。

讲座中他剖析长达4000多年的中国文化异于其他文化的优缺点，说"在人格理想上，我们坚持的是君子之道。孔孟之道，对我们最大的嘱托就是要做君子，不做小人。第二，在行为模式上我们实行礼仪之道。我们现在常夸自己是礼仪之邦，这一点在中西文化接触之初，是得到很多传教士的认可的。第三，是在思维模式上我们普及的是中庸之道，中庸之道的核心是反对一切极端主义，因为中是选择中间值，庸是选择寻常态。一切极端化的东西，表明上痛快、爽利，其实后果严重。中国人是不做这种事的。"

通过对大量历史现象的研究，余秋雨直言中国文化尚存有三个缺点，第一是缺乏公众意识，第二是缺乏实证意识，第三是缺少法治意识。他建议，当今社会要鼓励少部分人建立顶层的精神文化，大部分人建立起简易可行的礼仪文化，同时，所有人都应该关注生态文化。

2013年是人文学会成立十周年，我们需隆重庆祝一番。隆重的庆祝就必须有隆重的节目和尊贵的嘉宾，我们又想到余秋雨先生和马兰女士。同前两次一样，他俩仍是欣然接受邀请，于金秋十月第三次来到纽约，与我们一同庆祝人文学会成立十年。

这次的活动在纽约大学艺术中心的剧场举行，余秋雨先生的讲座以他不久前出版的一本书名《中国文脉》为题。

讲座前我对听众所做的开场白如此介绍说：

"今天是个特别的日子，欢迎大家、也感谢大家与我们相聚纽约大学，欢庆华美人文学会成立十周年。我说今天是个特别的日子，不只是单纯地指一个组织成立十周年的纪念日子。今天之所以特别，是因为它是纽约华人学术界、艺术界和文化界的一个重要里程碑。"

"在过去的十年里，华美人文学会在没有固定经费、没有专职人员的情况下，靠众多热心人的私人捐助、靠大批志愿者的义务协助，在美国文化重镇纽约开办了第一流的文化大讲坛。十年里，我们举办了400多场专题讲座，我们的演讲嘉宾可谓是中外现代的诸子百家。他们的真知灼见给纽约的学界、侨界和文化界带来了丰富的精神食粮。在此我谨代表华美人文学会感谢多年来资助我们的热心人士、感谢我们的志愿者、感谢我们的演讲嘉宾，同时我也要感谢我们忠实的听众。"

"A celebration is not a celebration without a feast。按照中

与余秋雨在联合国，2013年。

国传统习惯，没有大餐的庆祝活动就不能叫庆祝。所以我们今天要奉献给大家一顿丰盛的文化大餐。选择今天的主题演讲嘉宾是需要深思而熟虑的，担任我们今天主题演讲人的非余秋雨教授莫属，而他今天的讲题也非谈中国文化和中国文学最本质的东西不可。"

　　"这次是余秋雨教授和夫人马兰女士第三次做客人文学会。2008年人文学会在哥伦比亚大学举办了余秋雨老师的讲座，我在开场白里说余老师是不用介绍的人，因为任何的介绍都会是挂一漏万的。但是今天我要改变这个说法，我要说余老师是需要介绍的人。当然，我不是要介绍余老师的生平和他的著作，这些大家都已经稔熟于心，我想说的是余老师是我们需要向世界介绍的人，因为余老师对中国文化的贡献功不可没，他不仅是中国的，更是世界的；他不仅让中国了解世界，更让世界了解中国。"

"余老师以其渊博的文学和史学功底，优美的文辞，丰厚的文化感悟力和艺术表现力，引读者泛舟于中华千年文明的长河，揭示了中国文化的巨大内涵，开创出当代散文的新领域。著名作家白先勇说：'余秋雨先生把唐宋八大家所建立的散文尊严重新唤醒了，或者说重铸了唐宋八大家诗化地思索天下的灵魂。'著名评论家楼肇明认为：'余秋雨是中国20世纪最后一位散文大师。'余光中先生说：'中国散文，在朱自清和钱钟书之后，出了余秋雨。'我想，余先生作为公认的散文大师，其殊荣不仅在于这些头衔和评价，当读者尚沉浸在融历史、地理、文化于一体的'秋雨风'时，秋雨先生已走出书房，走出中国，作为穿越数万公里危险地区的人文学科教授，踏上了探寻人类文化遗产的'文化苦旅'。"

"余秋雨老师和马兰女士是文化开拓者、探险家，是我们的文化使者、文化向导，是中国和世界共享的瑰宝。"

致辞中我还提到余先生在联合国总部做了《世界背景下的中国文脉》的演讲，这也是我向联合国中国书会介绍，由书会安排邀请他演讲的。

我在与余秋雨先生的交往中有两点最深的感触：

一是他的博学，说他通今博古、学贯中西是一点儿也不夸张的。跟他在一起不管是谁挑起一个话题，无论是什么样的话题，他马上就能接过来成为主讲人，而且引经据典，分析得有条有理。

另一个是他的勤奋，余老师可以说是争分夺秒地治学。每次来纽约我都问他需要一些什么物品，他总是说给他准备一些写作的文具就行了。有时我们在随便聊天，他突然想到什么，会马上说你们先聊，然后自己就到一边写下来。抓紧一切机会看书著书。

这是治学者应该具备或者说必须具备的勤学精神，我也应该以兹为自励。

此书出版时正逢华美人文学会成立15周年。我们站在当年郭秉文、胡适、杜威和孟禄四位哥大学人在美首创的中国文化教育的舞台上，可以说是闻名中外了。现在国内有不少学者和艺术家主动找上门，希望在我们这儿做讲座、办活动，人文学会也打算进一步扩大自己的领域，在出版、研究和教育方面开拓新天地。

华美人文学会自成立以来所举办的讲座内容在此网页上都能看到：http://chineselectures.org/lectures.html.

人生再出发

这中间有耕耘的艰苦，
也有收获的喜悦。
酸甜苦辣，
各种滋味，
尽在其间。

以前教外国学生中文讲比较句型时，常常用这个例句："他退休以后比退休以前更忙。"当时只是作为语法例句讲讲而已，现在发现这句话用在自己身上真是再合适不过。

退休之后，自己的工作非但没有停下来，反而是各色事务接二连三，各种邀请纷至沓来，乃至于我一点儿也未觉得自己已经退休了。与退休前不同的是，现在做的都是自己有兴趣的事。

我在美国听说过一句据说是从孔子《论语》里翻译成英语的话："Choose a job you love, and you will never have to work a day in your life"，直译回中文就是"选择一个你喜欢的工作，那么你这一辈子就不用工作一天"，意思是做自己喜欢的事是一种享受而非劳作。后来我查了很久，才查出孔子的原文是"知之者不如好之者，好之者不如乐之者"。英译文的意思跟原文不尽相同，不过我倒是更喜欢英文的说法。我现在的状况可以说是每天做自己喜欢的事了，下面我就和读者分享一下我退休之后这一年我做的几项工作吧。

退休会上，2017年。

重登大学讲堂

自1986年我第一次踏上美国这片土地，到现在转眼已是32载。这中间有耕耘的艰苦，也有收获的喜悦。酸甜苦辣，各种滋味，尽在其间。但我觉得这32年的生活很充实愉快，如果要问我有什么遗憾的话，我大概会说，唯一的遗憾就是没能在美国的高校从事学术研究工作。

来美之前，我在国内担任过八年的大学老师。现在回想起来，那是我人生中最美好的一段时光。每天不断有来自学生的多种智力挑战，师生间的互动和交流既平等又充分，亦有很好的默契。学生与我似乎总有学术上的强烈共鸣，他们能够深刻地理解我，也能提出超越我的见解。这种教学相长的乐趣即使过去多年，回忆起来也让人兴奋、激动和满足。

自哥大毕业后我所从事的工作，部分属于管理，对行政能力要求很高，但不需具备很高的学术水平；部分属于中文教育，对教学法有所要求，但不必刻苦钻研学术知识，与学生的交流和互动程度也比较简浅。因为我所要做的仅是将他们引入中文学习的大门，讲授的都是最简单的内容，如同幼儿园老师教牙牙学语的孩子，并无学术上的快感。

近年来我接受了国内一些高校的聘请，担任他们的兼职或客座教授，包括南京大学、东南大学、南京理工大学、江苏师范大学等。我最不喜欢的事是徒有其名，所以也乐于尽量利用回国时机做讲座或授课，与国内学子们进行深入的学术交流，重温当年在大学讲堂上美好的感觉。

退休前的一个偶然机会，我认识了纽约大学外语系翻译专业的负责人。专业负责人得知我的学术背景后，问我有没有兴趣来兼职授课。纽约大学是美国的一所名校，若去纽约大学任教，我也可以圆了自己在美国高校任教的梦。

我先前做过些翻译工作，在国内主译或合译过三四本书，在哥伦比亚大学当学生期间，为纽约一家出版社把一本中文期刊《中国人口》从头至尾全部翻译成英文。但我不曾研究过翻译理论，因为我觉得翻译基本属于一种技巧，理论研究得再好但实战不灵，也无异于纸上谈兵。

生活在民族多元化的美国，即便不是职业翻译，日常生活中也少不了语言间的转译，特别是对我们从事语言工作的人来说，更是如此。然而翻译专业在美国并非热门，一是因为攻读外语的人不多，二是因为美国人大多对翻译作品不感兴趣。有统计材料显示，在美国所有出版物中，翻译作品只占百分之六。虽也有不少高校开设翻译专业，但涉及的语言大多是法语和西班牙语，近年才有些设置翻译专业的院校开始增加汉英翻译课目，纽约大学便是其中之一。

纽约大学的翻译专业是硕士水平的，汉英科目是几年前才增加的，所以授课老师绝大部分为兼职。他们有的是商界的，有的是法律界的，还有的是从事职业翻译。因为美国学生能达到汉英翻译水平的很少，所以这个专业的学生大多来自国内。

我教的课程其实并不是翻译课程，而是《汉英对比》，这是语言学的一门基础课程，从微观（语音、语法、词汇、语义等）和宏观（话语结构、思维方式、语用等）两方面对比中英两门语言。来学习的学生大多没有语言学的基础，我这门课向他们提供了新的视角和方法，让他们对中英文这两门语言有更深刻的理解。此外系里还安排我指导学生写毕业论文并参加论文答辩的工作。

纽约大学的翻译专业以实践为导向，学校也希望协助学生在毕业后找到翻译方面的工作，所以毕业论文一般就是翻译一篇一万字的文章。我们的专业偏重汉译英，所以学生的毕业论文就是把一篇中文文章译成英文。对于中国学生来说，汉译英要比英译汉难得多，因为英语毕竟不是他们的母语。

除了教学外，我还协助系里组织一些其他活动，如面向国内学生开办的暑期翻译培训班和邀请专家来纽约大学讲学等。

江苏"乡贤"

我是2017年5月5日正式退休的，刚退下来便接到江苏省的邀请，邀我参加5月20日和21日在南京举行的"江苏发展大会"。江苏省政府从海外邀请了400多位江苏"乡贤"，齐聚南京，共商江苏发展大业。

江苏方面对参会嘉宾非常重视，每人专门安排了一位工作人员对接。国内给我买的是东航的机票，18号晚上8点抵达上海。刚下飞机就接到通知：次日上午10点参加和李强书记的一个植树活动。南京方面安排专人到飞机机舱门口接我，走绿色通道过关，前后不到10分钟。我在中国或美国从来不曾这么快地通过海关。

南京方面派来的工作人员原想立即陪我到虹桥高铁站，搭乘当晚的高铁去南京。但就是这时，意想不到的情况发生了：我的行李迟迟未出来，无奈我们只能等待。直等到最后一件行李出来也没看到我的，航空公司说可能我的行李没跟上航班，要我留下南京的地址，等行李到达后再送给我。

此刻已赶不上当天虹桥站开往南京的最后一班高铁了，这真是名副其实地"起了个大早，赶了个晚集"！接待方只好安排我在虹桥机场里的酒店住了一晚，第二天坐早上7点的高铁去南京。

第二天一早，他们就开车把我直接从虹桥站的贵宾候车室送上火车，沪宁之间高铁一个小时就到了。到了南京，接待人员又风驰电掣地把我送到金陵饭店入住，此刻才9点，离活动开始还有一个小时呢。

我到南京时因为没有行李，依旧穿着飞机上穿的便装。好在工作人员告诉我植树活动穿简装就行，否则我还得去买正装。

近10点，一位工作人员来房间通知我下楼上一辆面包车前往活动地点。上车后我看到车里已有一人，身着夹克衫，跟普通人没两样。我以为他也是与会嘉宾，坐下后就跟他闲聊了起来。

当我们相互介绍时，他告诉我他就是省委书记李强，我当时真觉得甚是意外。

江苏发展大会上与华美协进社董事长贝建中（贝聿铭之子）夫妇，2017年。

　　闲聊中他说自己是温州人，因我刚刚在联合国接待过温州医科大学的校长吕帆博士，便就此谈起来。李强书记说他跟吕校长很熟悉，吕校长就是他担任温州市委书记时提拔起来的。世界之小，不料小竟如此！

　　正聊着，一些与会嘉宾也陆续上车了，亦有来自纽约的华美协进社董事长贝建中（著名建筑师贝聿铭之子）、荣智健（荣毅仁之子）和原北京大学校长许智宏，另一辆车上还有我们联合国的老领导——沙祖康副秘书长。

　　车队不一会儿就驶进南京青奥森林公园。我虽是南京人，却是第一次来青奥森林公园。初夏的青奥森林公园草木青绿、空气清新。看着清波荡漾的长江两岸，现代城市与自然景观互融共存、相谐相生，大家对家乡之美都备感自豪。

　　植树活动位于公园中央半岛上的植树主场地，与会嘉宾都每

江苏发展大会上与原联合国副秘书长沙祖康，2017年。

个人弯腰俯身，挥动手中铁锹，铲土挖坑，培实新土，随后又给一棵棵树苗浇水，为江苏的建设增添一抹新绿。据说这片树林后来被命名为"江苏乡贤林"。

植树活动刚结束，接待人员又通知我说南京市委的领导要来"拜访"，我从不曾受过领导如此礼遇，颇有些诚惶诚恐之感。

"江苏发展大会"于5月20日正式开幕。会议在已落成但尚未正式对外开放的江苏大剧院进行，写着"约在江苏，共筑梦想"的横幅悬挂在会场四周。与会人员有1200多位，其中400名为来自世界各地的江苏籍人士，另外800名是江苏各界人士。

江苏人士汇聚一处，共叙乡情友谊，共话江苏发展。我出国30余年从未感觉过与家乡的联系是如此密切！

当晚南京市政府还在"紫金山庄"设宴招待南京的"乡贤"，在招待会上见到南京市委书记和市长，令人难忘。

巧事连连

江苏发展大会结束后，我立即启程，去北京语言大学进行交流活动。

北语是国内唯一一所主要任务为向来华留学生进行汉语和中华文化教育的国际型大学，素有"小联合国"之称。北京高校中我与北语的联系最多。我此行的主要任务是到设在北语的语言资源高精尖创新中心，做一场关于联合国的讲座。该语言资源中心的主任是北语党委书记李宇明，办公室主任是曾在联合国中文组任教三年的岳岩博士。

李宇明书记2016年在联合国的一场讲座是我主持的，此次我在北语的讲座也是李书记主持。在当天的活动中，我还接受了语言资源中心的聘请，担任该中心海外研究员。而讲座结束后，我方才得知这是李书记退休卸任前的最后一天，真是难忘的一天。

人世间的巧事真多，端看你何时能碰上。就在我讲座的第二天，北语宣布了新任书记与校长，新校长是原任北京师范大学党委的刘利副书记。一看他的简历，我由衷而乐：他跟我竟同为江苏师范大学（原徐州师院）校友，只不过他是中文系、我是外语系，他较我晚四届。我看到他任职通知时已在北京返回南京的高铁上，不能当面向他祝贺了。事后又得知，前两天他跟我一样，也在南京参加江苏发展大会，只是当时互不相认识。我2018年3月应邀去北语讲学，终于和这位校友见了面，自然是相谈甚欢。

这次回国在南京时，有位朋友介绍我认识了"南京周"筹备委员会的人员。

"南京周"是南京市政府为推动南京与世界的交流，促进南京非遗及文创产业与国际对接，打造南京"文化走出去"的城市活动。南京每年选择一座世界知名城市举办此项活动，2015年在

"南京周"在联合国拉开帷幕，2017年。

意大利米兰，2016年在英国伦敦，2017年9月在美国纽约。

当组委会的成员得知我从纽约来，并在联合国工作后，就安排我去见负责"南京周"活动的市委宣传部潘副部长，他们非常希望得到我的协助，尤其是帮助在联合国安排一些活动。家乡的事情我自当效力，未料应允之后，此后的数月我便深深地卷入了这个项目。

5月底我回到纽约，不久后来纽约实地考察的"南京周"组委会有关人员也到了。我协助他们来联合国看场地，并协办了一场新闻发布会。

"南京周"期望能在联合国举办两项活动，一个是介绍南京的展览，一个是启动南京周的招待会。在联合国办这两项活动都有很大的难度，需要投入相当的精力和动员众多的关系，所以承办此事对我的压力也是挺大的。好在我那些联合国的朋友们都很精明能干，中途遇到的所有困难都一个个地解决了。

7月份我带联合国赴华培训团来到南京，正逢南京市政府召

"南京周"：一城十面的形象出现在纽约时报广场，2017年。

"南京周"在联合国开幕，2017年。

开9月"南京周"纽约站活动的首次新闻发布会。会上宣布纽约站的活动有三个板块：名城站、南京站和世界站。以纽约时装周为平台，走进纽约联合国总部、纽约中央火车站、哥伦比亚大学等全球顶级文化交流场所，举办一系列以"国际、人文、时尚"为品牌基调的交流活动，续写中国历史文化名城"走出去"的南京篇章。

发布会上，我和其他几位南京名人应邀发言，谈我们的南京故事及南京记忆，并同与会人员进行了有趣的现场互动。

纽约"南京周"的主场活动，是在世界最大的室内公共空间——纽约大中央火车站（Grand Central），举办"南京城市文化客厅"。通过"南京面孔"一城十面影像展、南京Showroom山水城林云端秀、品牌展示秀、南京女性艺术家主题展等活动，用展览与沙龙酒会和发布与科技体验的方式，全方位地展现南京的历史文脉、人文精神以及创意活力。

南京面孔

这里特别说说"南京面孔"一城十面影像展，因为这个活动与我亦颇有关联。

南京周组委会对"南京面孔"一城十面展的立意是这样宣传的：

在南京，有一群人，他们是世界看这座城市的角度，他们是这座城市的面孔。他们每个人的故事，传递着千年文脉蕴育而成的城市当代精神与创新气质。南京将征集推广城市的"主角"，面向全国和世界讲述城市情怀，讲好

在南京梅园新村拍摄人物短片，2017年。

南京故事。今年9月，在拥有百年历史的纽约大中央火车站，将举行南京面孔之 "一城十面"影像展。此次展览将以一种全新的"南京人"的视角，选择十位来自南京各个领域、行业、年龄段的南京人去讲述他眼中的南京，以艺术短片的形式将南京城市的十个侧面，十个瞬间，由人出发，最终指向南京这座城市，传达更有温度与人情味的南京城以及这座城的故事。"南京面孔"的主角，将成为"南京周"的推广大使，跟随"南京周"走遍世界。未来，南京面孔之"一城十面"影像展也有可能搬回南京某个地标场所，设立"城市文化客厅"。

"南京面孔"的征集随即开始。征集采用的形式，是由市民网上提名投票进行海选，对此我并没太留意。然而8月公布评选结果，我被告知当选。

听到这个消息我很意外，自思我在国外已30年，南京没有很多相识者了，怎么会选上我呢？荣幸之余我不禁感到责任重大。

"南京面孔"是以影像形式展出的，接下来组委会就要给代表南京这"十面"人物中人分别各拍一部短片。短片虽然只有三四分钟，但拍摄时间起码需半天甚至一天。

临到拍摄我的短片时，摄制组征求我对拍摄场景的建议。我当时住在南京大学，原觉得南大的场景挺不错，但考虑到南京大学党委书记张异宾教授也是"一城十面"中的一员，他肯定也会将拍摄地选在南大校园的，于是我就建议了另一场地——新建不久的南京六朝博物馆。

我选择这个场地有两个原因，一是六朝博物馆馆长胡阿祥乃南京大学历史系的教授，年前我曾在联合国接待过他。二是六朝博物馆由世界著名建筑大师贝聿铭之子——贝建中先生领衔的贝氏设计团队担纲设计的，而贝先生还是华美协进社董事长，我们之间的关系也很近。

胡阿祥馆长安排妥当，8月的一个下午我就随摄制组来到六朝博物馆。六朝博物馆位于民国政府时期的"总统府"，馆内设有"六朝帝都""回望六朝""六朝风采""六朝人杰"四大展厅，以此四个篇章呈现出公元3至6世纪的东方大都会主题。

在馆里拍摄了大半个下午，摄制组建议我们到馆外取些外景。六朝博物馆的西边是总统府，东边就是梅园新村。梅园新村因当年周恩来率中共代表团于1946年5月至次年3月国共谈判时为驻地而闻名于世，也是我小时候常来的地方。

我们来到梅园新村，摄制组认为当地的街景很好，于是就在那儿拍了我骑自行车的镜头。这部短片现在网上可以看到。

"南京周"的短片宣传词是如此介绍"一城十面"的：

> 在首个以人物为主角讲述城市故事的系列纪录片里，我们可以看到一个个南京面孔的国际品质，一个个中国面孔的东方气质。十个平凡面孔，十种东方气质，十张魅力面孔，十类国际品质，来自同一个中国城市——南京。

我认可的大概只有"平凡"二字。

"南京周"在纽约的活动9月间如期举行。主场活动于2017年9月7日晚在联合国拉开帷幕，以"你好，纽约"为主题，通过"锦绣南京"图片展、南京城市推介会、南京美食品鉴会和非遗主题表演——"Yong董的奇幻旅程"等一系列活动，用美图、美景、美食的城市感官体验，在联合国的舞台上展示了历史文化名城南京的东方风韵。

当晚的招待会上宾客满座，其中包括中国常驻联合国副代表吴海涛大使、中国驻纽约总领事章启月大使和联合国的众多官员。

"南京人文客厅"于次日在纽约大中央火车站开幕，因"一城十面"我为其一，也应邀来到现场与参观影像展的观众们交流互动。"南京周"期间，"一城十面"的十位头像还登上了时报广场的广告牌。

"南京周"的活动把我跟家乡的关系拉得更近，短片里我讲的几句话是对南京的真实感受：

> 南京是个古老又有故事的城市，经常在街上走的时候偶然遇到一个地方，就会发现常常是在古诗或传说里听说过的。所以我把南京作为联合国赴华培训项目的基地。这个项目无意间也纾解了我对家乡的思念，也帮助了我更深刻地重新了解这座城市。现在我的第五个15年已经开始了。我还是会像以前那样，在故乡和他乡之间来来回回，向世界上更多的人传递这座古老城市的现代生命力。①

"南京周"之后，南京方面酝酿在南京给我设立一个工作室。工作室如能设立，我为南京的国际交流就能做更多的事了。

再度出发

2017年底，我应邀去北京参加两个跟翻译有关的活动，一个是中国对外翻译出版公司主办的青少年"中译杯"大赛的决赛，

---

① https://www.youtube.com/watch?v=dQSctgBvw6I&list=PLuopjYT3H5HE9jmKCoIiCyqps4-QS_uYD&t=9s&index=5.

一个是提供翻译服务的策马集团主办的"国际翻译峰会"。这两场活动一个在上午，一个在下午，可见时间有多么紧。

在京期间我还去了北京第二外国语大学，做了一场关于联合国的讲座。我每次回国都要到南京，到南京也都带有任务。这次回去我到南京东南大学，也给对外汉语专业的师生做了一场讲座。

2018年3月我应北京语言大学（北语）之邀再度回国，在北语参与了5项活动，包括做两场讲座、参加两场座谈会和出席全国大学生口笔译大赛的决赛，日程安排得满满的。活动结束后又马不停蹄地赶到地处杭州的浙江大学跟浙大教育学院的师生做了一场交流活动。

"轮回"是个佛教概念，此处我想借用这个词语而不是它的宗教意蕴，来总结一下我的人生：

我出生于南京成长于南京。15岁离开后去了苏北农村，然后到徐州上学，再留校任教，最后从徐州赴美留学并定居。近50年后，我又重新跟家乡建立了如此密切的关系；

我30年前在国内从事英语教学和研究，到美国后从事的大多是中文教学和研究。退休后我好像又重操旧业，再度回到英语教学（翻译）和研究的领域；

我到联合国工作前，在华美协进社担任语言部主任；16年后的今天，我又接到华美协进社的聘请，担任社里特别顾问，参与一些与国内的教育交流项目。

我于2017年5月退休，退休后的当年四次回国参加各种活动，看来这也许会成为我今后一段时期的生活规律和节奏了。

书写至此时，我又回到了联合国，以外聘专家（consultant）的身份继续组织、策划2018年度联合国赴华培训项目。

2018年3月5日南京大学公布了"百位名师邀约计划"，上面

赫然把我选定为南大海外教育学院的邀约对象。看来我马上要着
手备课了。

2017年5月5日之前，我从来没有想到过自己的退休生活会是
怎样。一则平日工作繁忙，大脑里满满都是手头的工作；二来也
是有点逃避，不愿多想退休以后的生活。也许在我的潜意识中，
退休即意味着放缓脚步，停止对世界的探索和对社会的贡献。可
真当自己退休了，每天享受着自己喜欢的工作，反倒是爱上了退
休后的生活。

我正要掩卷停笔结束此书，忽听"宇宙之王"史蒂芬·霍
金（Stephen Hawking）去世的消息，不禁想到他曾对人们提的
几点忠告："记住要仰望星空，不要低头看脚下；无论生活如
何艰难，要永葆一颗好奇心；永不停止工作，因为工作赋予生
活意义和使命感，如果不工作，生命就是空虚的；如果你有幸
找到了爱，就要紧握勿放，绝不背弃"。我想他说的"仰望星
空""永葆好奇心""享受工作""永持我爱"也就是我日后
生命的方向。

后记

　　这是一本近几年很多人一直鼓励我写，而我却一直避而不写的书。原因有二：其一，我不是一个太喜欢回忆往事的人，总觉得眼下要做的事情太多，花费时间去钩沉往事实在太奢侈。其二，我不是一个喜欢说自己故事的人，在述说和倾听之间，我更喜欢的是倾听。这主要与我的性格有关，也因为我觉得听别人说话总能学到一些知识或得知一些信息，而自己一味地说，是无法学到什么东西的。

　　这些年来，也有许多媒体要来采访，让我说说自己的故事，我尽可能地婉言推辞。2010年美国中文报纸《世界日报》借着联合国中文日活动的机会采访我，并在报道中使用"为人低调谦和，光芒给同事"一语来形容我，我自己觉得甚是到位。我最认可的就是采访文章中的这段话：

何勇为人谦和、处事低调，他经常站在聚光灯照射不到的暗影处，他把聚光灯下的舞台让给同事、学生尽情地发挥；他享受的是默然、淡然、纯净的成就感。

去年，在南京大学的朋友再次建议和鼓励下，我终于同意着手写这本书了。原因主要也有两个，一是因为这学期我没有课，时间相对较松；二是我觉得自己的经历也许对读者，特别是年轻的读者们，有些许借鉴和参考的作用。

此书前半部分是我的成长回忆，在这部分里，我记叙了自己下乡的经历、作为工农兵学员上大学以及留校任教的往事，相信我们的同辈人对那个年代都有各自深刻而不尽相同的回忆。此外，我述说了自己辗转留学申请经过和来美的六年的留学时光，也许会对现今打算留学，或已经在海外求学的学子们在学习、研究、生活方面有点儿帮助。我还分享了自哥伦比亚大学毕业后的许多工作经历，也许对计划将来在美国发展的留学生们有点儿帮助。

本书的第二部分是我在联合国的工作经历，可能对希望来联合国工作的青年人，或对联合国等国际组织有兴趣的人士有点儿参考价值。这部分里还谈到我参与组织的"华美人文学会"，或许可以帮助国人了解"华美协进社"这家美国最早的中国文化教育机构，愿对当今思考中国文化走出去的路径有所启发。

书中陈述都是自己的亲身经历，所以写起来不是太难，我在很短的时间里便一气呵成。初稿写好我给几位好友看了，他们很快就给了我回复，并附上了不少宝贵的修改意见。在此我要隆重地介绍他们，并表达对他们诚挚的谢意。

第一位是胡幽丽女士。她虽是上海人，但在南京上大学，毕业后留在南京工作，她的先生也是南京人，所以我一直把她看作同乡。我们的生活有很多相同的轨迹：我们于同年同月出生，她也下过农村，插队的地方也在宿迁，她也是工农兵学员。她随先生于20世纪80年代末来纽约后定居。2000年我在华美协进社工作时，有位美国友人介绍她来为我们义务帮忙，从此我们结下深厚友谊。我跟幽丽认识后不久，我们两家便时常往来，我太太莉莉跟幽丽成为密友。幽丽的女儿日后还在莉莉任教的高中上学，并成为莉莉班上的优秀生。我2002年去联合国工作后，她继续为我所参与的几个社会组织做义工。

幽丽文笔极佳，常常帮华美协进社写文案。华美人文学会在2009年出过一本书刊，描述了人文学会一些主要演讲嘉宾的讲座内容和嘉宾简介，推出后受到很多好评，便是出自幽丽的手笔。幽丽的美术造诣亦佳，她毕业于南京师范大学美术系，专攻绘画。我在美国出版的《中级中文》一书中的插图就是她的大作。在写作本书的过程中，幽丽一如既往地给了我很多帮助，并借鉴自己的经历提供了非常细致的建议。

第二位是王海龙先生，他是哥伦比亚大学东亚系的讲师。我跟海龙及其一家的关系远溯自大学年代。我们都曾就读于徐州师范学院，我是75级外语系，他是77级中文系。毕业后我们都留校工作，他主要教授外国文学，自然与我有了很多共同的话题。当时的徐州师院不大，文科之间联系较多，我二人皆初出茅庐，充满朝气，志趣相同，结识后很快成为挚友。我们相继结婚成家后，两家人也成为好友，他的儿子比我的女儿小一岁，也是在一起玩耍的小朋友。

我跟海龙经常谈论的话题大多是英美文学，我们还曾合作翻译过两部文学作品，一部是《女性与创作——巴尔扎克生活中的一个侧面》，一部是英国诗人华兹华斯(William Wordsworth)的诗集。我的专业是英语，英译汉时在英语理解方面稍占优势，而在中文表述方面，特别在译诗时则倚靠海龙发挥才华。

我1986年来美留学后跟海龙依然保持密切的联系。他对人类学也有浓厚的兴趣，亦希望有出国深造的机会，于是我鼓励他申请我所在的哥伦比亚大学人类学系。提交申请后很快如愿以偿，海龙顺利来到哥大，于是我和他又成了同学。海龙在哥大期间就在东亚系担任中文助教，毕业后转成正式教师，如今已是资深讲师了。他在人类学、文学和艺术理论方面都有卓越的建树，在上述领域发表了大量的作品。在阅读我此番书稿过程中，他还记下大量的笔记，提出许多很有帮助的想法与意见。

第三位则是何珊云博士。我与珊云相识时间虽然不长，但却一见如故。2017年10月，我应邀在哥伦比亚大学教育学院给国内来美访学的访问学者和哥大研究生做一场讲座，珊云是听众之一。会后交流得知她是来自浙江大学教育学院的副教授，更后来才知她年仅33岁，已经发表了大量的论文和专著，还担任多个地区、教育局和学校的督学与顾问。让我想起自己33岁时也是刚刚来到哥伦比亚大学，正开始一段新生活。

2017年11月筹办纪念徐志摩诞辰120周年的活动时，我得知珊云和徐志摩同为杭州高级中学毕业的校友，于是就请她到会发言，介绍徐志摩在杭州高中时的情景。徐志摩是杭高的骄傲，珊云侃侃而谈，有声有色地描述了徐志摩在学校时的故事。2018年初珊云访学结束回校任教，我们依旧保持着密切的联系。3

月，她和浙大教育学院假我回国参加活动之际，还邀请我去浙大做主题讲座。国内著名高校我基本上都去做过学术活动，但是浙大却是首次，故而即使回国日程紧张，我还是安排了时间当天往返宁杭，度过美好的一天。2018年4月20日的联合国中文日，主办方安排我负责一个教育论坛，我也邀请了珊云和浙大社科院院长以嘉宾的身份参加并为其欣然接受，于是我们在杭州道别不久就又在纽约重相聚。在此还要感谢珊云在我写作此书的过程中，认真阅读初稿并对某些表达提供了中肯的修改建议。

我在书中写联合国的相关内容时，联合国与中文有关的一些部门的同事也提供了不少资料和协助，因为人数较多，我就不一一列举名姓了。这里我想特别感谢我团队中的一位"小朋友"——刘春吾小姐。

春吾是纽约大学对外汉语专业的硕士毕业生。我与她最初是在一次中文教学国际研讨会上相识的。春吾当时还没毕业，但她对联合国的事务很有兴趣，先是来做志愿者，后来成为正式的实习生。春吾悟性强，积极性高，交给她的事情总是能高效率地完成。她于2015年和2017年先后两次到南京参加我们的赴华中文培训项目。

春吾本科是南昌大学中文系毕业的，文笔也是极佳，常常帮我撰稿，成为没有正式头衔的"行政助理"。我当初在承诺撰写此书时曾想由春吾以访谈的形式执笔，但此时春吾已入职联合国，工作比较繁忙，就只请她执笔写了"联合国赴华培训项目"这一章。

英语中有句俗语，叫"last but not the least"，意为"虽是最后，但同样重要"。我需要致谢的最后一位，或者说最重要的一位，就是我太太莉莉。莉莉是我生命中的一部分，她组建了我们的幸福家庭，培养出两个优秀的儿女，还是外孙和外孙女最爱戴的外婆，当然最重要的是她此生都在支持并帮助着我。

　　成就此书时，莉莉建议我要用自己浅淡直白的话语向读者表述我的一生，我很感谢并欣然采纳。当1993年我的哥大博士论文出版成书时，扉页上写的是"To my wife and daughter" —— 此书献给我的太太和女儿（当时还没有儿子）；25年后的今天，我就把此书献给莉莉和我们的孩子们，以此致敬我们的情感和共同的经历吧。

图书在版编目（CIP）数据

愿在他乡做使者：何勇回忆录/何勇著. --南京：
南京大学出版社，2018.8

ISBN 978-7-305-20514-9

Ⅰ. ①愿… Ⅱ. ①何… Ⅲ. ①何勇－回忆录 Ⅳ.
①K825.46

中国版本图书馆CIP数据核字（2018）第147682号

出版发行　南京大学出版社
社　　址　南京市汉口路22号　　　邮编　210093
出 版 人　金鑫荣

书　　名　愿在他乡做使者——何勇回忆录
著　　者　何　勇
责任编辑　沈卫娟

照　　排　南京紫藤制版印务中心
印　　刷　南京爱德印刷有限公司
开　　本　880×1280　1/32　印张7.25　字数166千
版　　次　2018年8月第1版　2018年8月第1次印刷
ISBN 978-7-305-20514-9
定　　价　50.00元

网　　址　http://www.njupco.com
官方微博　http://weibo.com/njupco
官方微信　njupress
销售热线　（025）83594756